社会组织管理：理论与实践

SHEHUI ZUZHI GUANLI

徐军玲/编著

華中師範大学出版社

新出图证（鄂）字 10 号

图书在版编目（CIP）数据

社会组织管理：理论与实践 / 徐军玲编著. -- 武汉 ：华中师范大学出版社，2024. 6. -- ISBN 978-7-5769-0562-5

Ⅰ. C916. 1

中国国家版本馆 CIP 数据核字第 2024TR8369 号

社会组织管理：理论与实践

责任编辑： 刘满元　　**责任校对：** 童　雯　　**封面设计：** 胡　灿

编辑室： 高等教育分社　　**电话：** 027－67867364

出版发行： 华中师范大学出版社有限责任公司

社址： 湖北省武汉市洪山区珞喻路 152 号　　**邮编：** 430079

电话： 027－67861549（发行部）

网址： http：//press. ccnu. edu. cn　　**电子邮箱：** press@mail. ccnu. edu. cn

印刷： 武汉市洪林印务有限公司　　**督印：** 刘　敏

字数： 200 千字

开本： 710 mm×1000 mm　1/16　　**印张：** 14. 75

版次： 2024 年 6 月第 1 版　　**印次：** 2024 年 6 月第 1 次印刷

定价： 72. 00 元

欢迎上网查询、购书

序

社会组织作为推动社会创新、促进民生改善与公共服务提质的重要力量，其有效管理与实践变得愈加关键。然而，面对社会组织管理的复杂性与多元性，如何结合理论与实际操作，提升管理效能，成为学界与实务界关注的焦点。恰逢其时，《社会组织管理：理论与实践》一书问世，为社会组织的高质量发展提供了理论指导与实践参考。

本书是作者在深入教学实践与研究的基础上，对社会组织管理理论与操作策略的系统梳理与深度解读。它不仅聚焦于基础理论的剖析，更注重理论与实际操作的紧密结合，力图构建理论与实践相互贯通的桥梁。在内容架构上，本书按照基础理论篇、管理策略篇、实际运作篇进行有序编排，涵盖了社会组织管理的诸多核心议题。其中，基础理论篇深入剖析社会组织的基本概念、分类、发展历程及其在现代社会中的角色定位；管理策略篇则围绕战略管理、财务管理、人力资源管理以及营销与传播等关键领域展开，为社会组织管理者提供了一系列实用的管理工具与策略；实际运作篇则通过案例分析，生动展现了社会组织公益项目运作、筹款动员以及参与社区治理等方面的具体实践，旨在将理论知识转化为实际操作的技能。

本书的一大特色在于强调理论与实践的深度融合。作者深知，社会组织管理不仅需要理论的指引，更需要实践的检验。因此，在编写过程中，作者注重引入丰富的案例分析，将理论知识与实际操作相结合，以期为读者提供更为直观、实用的学习体验。

展望未来，我们期待中国社会组织在坚持本土化发展路径的同时，积极参与全球社会治理的创新与发展。为此，我们需要培养更多具备国际视野、专业素养与创新能力的社会组织管理人才，以应对日益复杂多变的社会环境。

《社会组织管理：理论与实践》是作者精心编写的一部教材，它既适用于社会组织管理课程的教学，也可作为社会组织从业者、管理者的自学参考书。希望本书能够帮助读者深化对社会组织管理理论的理解，掌握实际操作技能，并在实践中不断探索与创新。

总而言之，《社会组织管理：理论与实践》是一部融理论性、实践性与创新性于一体的教材。它为社会组织的管理提供了科学的理论指导与实践经验借鉴，助力社会组织在推动社会创新、促进民生改善与公共服务提质等方面发挥更大作用。我们期待本书能激发读者对社会组织管理的兴趣，推动社会组织的持续发展与创新。

最后，我诚挚地推荐这部教材给所有对社会组织管理感兴趣的读者。它不仅有助于深化对社会组织管理理论的理解，更能提供丰富的实践经验与操作技巧。让我们共同期待，社会组织管理理论与实践的共促互进，为构建更加和谐、稳定的社会作出更大的贡献。

邓汉慧

中南财经政法大学教授、博士生导师

目　　录

基础理论篇

管理策略篇

实际运作篇

基础理论篇

第一章　社会组织概论

第一节　社会组织的定义与范畴

一、社会组织的概念界定

（一）基本概念

社会组织是一个比较模糊的概念，目前国内外对于社会组织尚未形成统一的界定，在不同国家和地区间因侧重点不同而采用不同的称谓。因此，为更好研究社会组织，避免概念的混乱，首先应对社会组织的概念进行界定。

在国际社会上，社会组织通常被定义和理解为非营利组织（Non-Profit Organization，简称 NPO）。“非营利组织”的概念最早出现在美国，是指在美国社会中符合《国内税收法典》第 501（C）3 条的规定，从而获得税务减免待遇的特殊组织。联合国将非营利组织界定为：如果主要收入既不来自产品或服务的销售，也不来源于政府，而是来自会员会费、企业或者个人的捐赠，那么这类机构就属于非营利组织。20 世纪 70 年代末，“非营利组织”概念开始流行起来，并于 90 年代末期成为全球通用的主流概念[①]。

在学术界，较为流行的是美国约翰·霍普金斯大学教授莱斯特·M. 萨拉蒙（Lester M·Salamon）的观点。他在 1981 年采用“结构-运作”界定法，着重从社会组织的结构和运作方式对社会组织进行界定，将非

① 王世强：《非营利组织管理》，北京：首都经济贸易大学出版社，2018 年，第 2 页。

营利组织的基本特征归纳为五个方面：组织性、民间性、非营利性、自治性、志愿性。他认为这五个特征是非营利组织区别于政府和企业的根本属性，凡是具有这五个特征的组织，就是非营利组织①。我国学者孙伟林认为，作为人类社会一种基本的组织制度形式，社会组织有广义和狭义之分，广义的“社会组织”是指人们为实现特定目标而建立的共同活动的群体，与政府组织、经济组织并列，狭义的“社会组织”仅指由自然人、法人和其他组织为满足社会需要或部分社会成员需要而设立的非营利性组织，包括社会团体、基金会和民办非企业单位②。

1949 年中华人民共和国成立后，我国在相当长的一段时间内用“社会团体”指代社会组织，这是由于当时在社会组织中仅有社会团体一种类型。1998 年我国民政部设立了民间组织管理局，取代了社会团体管理司，随后“民间组织”这一概念在中国学术界和官方被正式使用。而我国“社会组织”的概念，最早出现于 2004 年 3 月 5 日第十届全国人民代表大会第二次会议上通过的政府工作报告。报告指出“要加快政企分开，进一步把不该由政府管理的事交给企业、社会组织和中介机构”。2006 年 10 月，党的十六届六中全会审议通过的《中共中央关于构建社会主义和谐社会若干问题的重大决议》第一次全面系统地阐述了“社会组织”的相关概念，重点围绕“社会组织”的培育发展和管理监督方面展开论述，自此“社会组织”作为一个重要的范畴得以确立。党的十七大报告进一步确认了“社会组织”这一概念范畴，报告指出“发挥社会组织在扩大群众参与、反映群众诉求方面的积极作用，增强社会自治功能”。党的十七大首次用“社会组织”取代“民间组织”，之后党和政府的政策和文件中广泛运用“社会组织”的概念，“民间组织”的说法慢慢淡出。2016 年，民政部民间组织管理局更名为社会组织管理局。

综上所述，“社会组织”是一个极具中国特色的概念，是对于“非政府组织”“非营利组织”等称谓的中国式改造。实际上“社会组织”既是中国对于非营利组织的专称，与国外非营利组织相比又具有明显的

---

① ［美］莱斯特·M. 萨拉蒙：《全球公民社会：非营利部门视界》，贾平津、魏玉等译，北京：社会科学文献出版社，2007 年，第 3—4 页。

② 孙伟林：《社会组织管理》，北京：中国社会出版社，2009 年，第 1 页。

中国特色。具体体现在以下两方面：一是社会组织的法律地位与实际属性不完全对等。从法律地位上来说，中国的社会组织指的是在各级民政部门登记、得到行政许可的社会组织，但是在实际运作过程中，有些注册的社会组织行政化色彩比较浓厚。二是社会组织的发展受到事业单位转型的影响。随着市场经济的发展，计划经济体制下带有浓厚的“国家”统率“社会”色彩的事业单位开始转型升级，社会组织也随之迅猛发展。

（二）社会组织的特征

不同学者对社会组织的特征有不同的观点。我国学者王名认为，社会组织具有非营利性、非政府性和社会性特征。目前学界比较认同的是美国约翰·霍普金斯大学莱斯特·M. 萨拉蒙教授提出的五特征法，即“组织性、非政府性、非营利性、自治性、志愿性”①。本书简单介绍社会组织的组织性、非政府性、非营利性、志愿性等特征。

1. 组织性

社会组织首先是一种组织，应该有根据国家法律注册的合法身份，是正式设立的达到一定规模的公共组织，具有正规性。一般来说，民政注册和工商注册的社会组织应具有一定的正式组织形式，即具有法人资格，有组织机构和法定代表人，有固定的办公场所，有一定的组织规章制度，同时组织能够持续运作。

2. 非政府性

非政府性强调社会组织与政府之间的区别，具体而言，社会组织的非政府性体现在以下三个方面②：（1）独立自治的自主组织。社会组织既不隶属于政府，也不隶属于企业，是独立的组织形式，有独立自主的判断、决策和行为的机制与能力。（2）自下而上的民间组织。社会组织由公民以结社的方式自主组成，扎根于社会，通过横向的网络联系与坚实的民众基础动员社会资源，形成自下而上的民间社会组织。（3）竞争

① ［美］莱斯特·M. 萨拉蒙：《全球公民社会：非营利部门视界》，贾平津、魏玉等译，北京：社会科学文献出版社，2007 年，第 34 页。

② 王名、王超：《非营利组织管理》，北京：中国人民大学出版社，2016 年，第 2—3 页。

性的公共部门。社会组织不同于政府，不能利用行政权力和资源，只能采用各种竞争性的手段获取各种必要的社会资源并提供竞争性的公共物品。

3. 非营利性

非营利性强调社会组织与企业的区别，社会组织不是为其拥有者积累利润。非营利性主要指非分配性约束，具体体现在以下三个方面：（1）组织宗旨的非营利性。社会组织的主要目标是实现社会公益和提供公共服务，而不以营利为目的。（2）组织利润的非分配性。社会组织不进行利益分配，非营利事业活动得到的剩余不在组织成员与理事会之间进行分配，而只能用于社会组织开展的各种社会活动及其自身的发展。（3）组织资产的非私有性。社会组织不能将自身资产以任何形式转变为私人财产，如果社会组织解散或破产，其剩余资产不能像企业那样在成员间分配，而只能转交给政府或其他社会组织。

4. 志愿性

志愿性指社会组织的内驱力不是利益（利润）动机，也非权力原则，而是以志愿者精神为背景的利他主义和互助主义。这在社会组织活动与管理中得以体现，无论是在实际开展的活动中，还是在管理组织的事务中，均有显著程度的志愿参与①。社会组织的志愿性主要体现在两个方面：（1）成员参与的自愿性。社会组织的成员不是因法律要求而组成的，而是志愿加入的。（2）社会捐赠的广泛性。社会捐赠是社会组织最为重要的货币化社会资源。

二、社会组织的分类

社会组织的类型因分类标准的不同而不同。莱斯特·M. 萨拉蒙教授按照活动领域将非营利组织划分为文化和娱乐组织、教育和研究组织、卫生保健组织等 12 个大类 26 个小类。英国学者克拉克根据非营利组织从事活动类型的不同，划分为救济和福利机构、技术革新组织、承

---

① 乔乐平、高克祥：《政府与社会组织的合作：模式、机制和策略》，北京：华夏出版社，2015 年，第 7—8 页。

包公共服务组织、大众发展组织、“草根”发展组织、请愿团体和网络六大类。

我国对社会组织较为普遍的分类是民政部的官方分类。其基于我国国情，依照我国现行的法律法规体系，将社会组织分为社会团体、社会服务机构以及基金会三大类。

1. 社会团体

《社会团体登记管理条例》规定，社会团体是指“中国公民自愿组成，为实现会员共同意愿，按照其章程开展活动的非营利性社会组织”。民政部将社会团体分为学术性团体、行业性团体、专业性团体以及联合性团体四大类。学术性团体是指从事自然科学、社会科学以及交叉科学研究的团体，一般以学会、研究会命名；行业性团体是指由同行业的企业组织组成的团体，一般以协会（如工业协会）来命名；专业性团体是指由专业人员组成或依靠专业技术、专门资金从事某项事业而成立的社会团体；联合性团体是指人群的联合体或团体的联合体，一般以联合会、联谊会、促进会命名。

2. 社会服务机构

《社会组织登记管理条例（草案征求意见稿）》规定，社会服务机构是指“自然人、法人或者其他组织为了公益目的，利用非国有资产捐助举办，按照其章程提供社会服务的非营利法人”，如各种民办学校、医院、剧团、养老院、图书馆、美术馆、其他社会服务和福利机构等。社会服务机构前身是我们较为熟知的民办非企业单位，2016 年《中华人民共和国慈善法》出台后，将“民办非企业单位”更名为“社会服务机构”。相较于民办非企业单位，社会服务机构这一命名更能准确地反映此类组织的社会组织性质和社会服务功能。

3. 基金会

《基金会管理条例》规定，基金会是指“利用自然人、法人或者其他组织捐赠的财产，以从事公益事业为目的，按照本条例的规定成立的非营利性法人”。基金会分为面向公众募捐的基金会（公募基金会）和不得面向公众募捐的基金会（非公募基金会）。公募基金会按照募捐的地域范围，又分为全国性公募基金会和地方性公募基金会。如中国青少年发展基金会（全国性公募基金会）、深圳壹基金公益基金会（地方性公募基金会）、广东省千禾社区公益基金会（非公募基金会）等[①]。

综上所述，组织类型的划分都是相对的，没有统一的标准，可以从研究和分析的需要出发，选择恰当的分类标准。

三、社会组织的主要功能

当前我国正处于社会主义现代化建设的关键时期。随着我国社会组织的不断发展壮大，社会组织在政治、经济、社会和文化领域中扮演着越来越重要的角色，社会组织的功能日益凸显，主要体现在以下几个方面。

（一）提供公共产品和服务

社会组织在提供公共产品和服务方面发挥着重要作用，主要体现在以下几个方面：一是填补政府服务空白。在一些领域，特别是在社会福利、教育、环保等方面，政府可能无法完全满足社会需求，社会组织可以通过提供慈善救助、文化活动、环保项目等方式，填补政府服务空白，满足社会各界的需求。二是弥补服务不足。有些地区或特定群体可能由于各种原因无法获得充分的公共服务，社会组织可以通过开展志愿服务、慈善捐助、社区项目等方式，弥补公共服务的不足，提高社会公共产品的供给水平。三是提供专业化服务。一些社会组织具有专业化的服务能力，例如医疗机构、社会福利机构等，它们能够提供高质量的专业服务，满足社会对特定领域服务的需求。

（二）倡导政策

社会组织在政策倡导方面发挥着重要的作用，主要体现在以下几个方面：（1）代表和传递民意。社会组织可以代表特定利益群体的声音，向政府传递民意和诉求。通过调研、意见征集、舆论引导等方式，社会组织可以帮助政府了解社会各界的意见和需求，从而为政府决策提供参考和建议。（2）参与政策制定。社会组织可以参与政策制定的过程，通

① 广州社会组织研究院、广州市社会组织联合会编；王傅、刘忠主编：《社会组织基本知识》，广州：广东人民出版社，2017年，第15页。

过提供专业意见、调研报告、建议书等方式，为政府决策提供专业性和多样化的建议。在一些国家，政府还鼓励社会组织参与立法和政策制定，以确保政策的科学性和民意性。(3) 推动政策变革。社会组织可以通过舆论引导、社会运动等方式推动政策的变革和完善。例如，一些NGO和公民团体在推动环保法律法规的制定和执行方面发挥着重要作用，促使政府加大环境保护力度。

(三) 参与社区治理

社会组织在推动社区发展方面发挥着重要的功能，社区社会组织是社区中的重要主体之一，同时也是社区治理的重要参与者。社区社会组织作为满足基层社会和居民多元化需求的自组织，可以有效“加强基层社区治理体系建设、推动国家治理和社会治理重心向基层下移，打造共建共治共享的社区治理新格局”。目前，一些城市的社区社会组织通过承接政府购买社会服务方式为社区特殊群体提供帮扶服务，如困难家庭服务、上门打扫卫生服务等，同时联动社区志愿团队及企业单位共同参与社区服务，如开展社区家庭小饭桌、“时间银行”等。农村社区社会组织则更多以红白理事会、乡镇社工站等方式发挥组织在村中事务的重要载体功能，完成社会组织深度融入“一老一小”等基层社会治理工作，实现对社区居民的“最后一米”兜底服务。

(四) 舒缓就业压力

当前，高失业率已经成为困扰各国的重要社会问题，也是影响社会稳定的重要因素。社会组织在促进就业方面发挥着积极的作用，主要体现在以下几个方面：(1) 提供就业机会。社会组织本身作为一个独立的组织实体，需要管理和运营，因此会创造出一定数量的就业岗位。根据民政部2022年民政事业发展统计公报，截至2022年底，全国共有社会组织89.1万个，比上年下降1.2%；吸纳社会各类人员就业1108.3万人，比上年增长0.8%①。截至2022年底，全国登记的89.1万家社会

① 中华人民共和国民政部：《2022年民政事业发展统计公报》，2023年10月13日发布，https://www.mca.gov.cn/n156/n2679/c1662004999979995221/attr/306352.pdf，2023年11月28日访问。

组织共吸纳专职人员 1100 多万人，平均每个组织的专职人员约为 12 人。(2) 促进社会创业。一些社会组织通过提供创业培训、创业指导、创业资金等方式，帮助有创业意愿的人群实现自我就业。(3) 支持弱势群体就业。一些社会组织专门致力于支持弱势群体的就业，帮助这些群体融入就业市场。

第二节　社会组织的历史演变

一、社会组织的起源与发展

(一) 我国社会组织的起源与发展

我国社会组织发展的历史悠久，自古就有扶贫济困、慈善互助的传统。早在先秦时期就存在“会党”“社会”；春秋战国时期民间结社盛行，如墨家团体；东汉时期的“朋党”“太平道”等也为民间结社；魏晋南北朝时期，涌现出了以文学活动为主的诗文社；隋唐时期，佛教慈善事业更加发达，建立了主要功能为赈恤、收养贫困者和残疾老人的慈善机构——悲田养病坊；两宋时期，出现了“慈幼局”“慈幼庄”等互助性慈善机构；明清时期，不仅有地方乡绅举办的普济堂、会馆、义庄、善堂、善会等慈善组织，还出现了白莲教、天地会、洪帮、青帮等宗教组织和秘密组织。这些都是我国社会组织发展的前期雏形。

我国公益慈善经历了多个发展阶段，其历史变迁逻辑可以归纳为四个阶段：宗族慈善、宗教慈善、国家慈善以及社会慈善。首先，中国的宗族慈善可以追溯到战国时期，到宋代得到显著发展，当时社会贫富贵贱差异明显，许多大家族发展出了宗族慈善的形式，如义庄等，在必要时候救济族内成员。其次，随着佛教、道教等宗教在我国的发展，我国的公益慈善与宗教组织联系日益紧密，宗教力量在公益慈善组织中发挥着越来越重要的作用，宗教慈善逐步发展，寺庙、道观等宗教机构开始提供救济、教育和医疗等服务。再次，自中华人民共和国成立后，慈善公益活动进入了新的阶段，政府对慈善事业进行了管理引导，建立了慈善基金会和社会团体等组织形式，《中华人民共和国慈善法》的颁布和实施进一步规范了慈善公益的组织化发展，从而国家慈善得以发展，政府等官方组织成为推动公益慈善事业发展的主体。最后，西方的慈善思想和慈善组织的引入对中国慈善公益产生了重要的影响，在这一时期，一些慈善团体和机构（“慈善会”“扶贫会”等）相继成立，它们致力于提供救济、教育和医疗等服务。此外，一些知识分子和社会活动家也积极参与慈善公益活动，社会慈善快速发展。

总的来说，我国公益慈善组织根植于中国传统文化，吸收国外宗教思想文化，综合国家、社会力量，从而逐渐走向组织化、规范化的道路，社会福利事业不断发展。

（二）国外非营利组织的起源与发展

社会组织在国外对应的概念是非营利组织，因此本书在介绍国外发展时，使用非营利组织概念。总体上来说，在西方国家，非营利组织的产生和发展有着悠久的历史，可以追溯到古希腊和古罗马时代的公益捐助传统和基督教的慈善传统，并经历了以下几个发展阶段。

（1）古希腊和古罗马时代的公益捐助传统。在古希腊和古罗马时期，慈善组织和宗教团体扮演了社会服务和慈善救济的角色。在这一时期，集体的力量受到重视，公民必须以城邦利益为首要追求目标，个人力量的发挥必须以有利于共同体的发展为原则。基于此，行会和互助会等公益性组织大量涌现，非营利组织不断发展。

（2）基督教传统与中世纪的教会慈善。中世纪的欧洲普遍呈现出“政教不分”的色彩，认为在世俗之外存在上帝最终审判的精神状态。基督教教会和修道院在中世纪提供了教育、医疗和慈善服务，这些组织成为社会服务的主要提供者。教会能够动员教员广泛参与公益建设，对于社会公益事业做出了杰出的贡献。

（3）工业革命前后。18 世纪末至 19 世纪初，随着工业革命的发展，各资本主义国家间联系日益紧密，城市化和工业化得到加速发展，但社会问题也随之快速增加，例如贫困、劳工条件恶劣等。在这一时期，以帮助贫困阶层和弱势群体为目标的慈善组织和协会应运而生。一些知名的组织如英国的慈善组织“乐施会”（Oxfam）和美国的“美国红十字会”都是在这一时期成立的。

（4）垄断资本主义时期。在19世纪末20世纪初，世界主要资本主义国家进入到垄断资本主义时期，劳资关系更加紧张，许多慈善机构、NGO和社会运动组织开始崭露头角，积极参与社会改革和公共服务。1881年英国工人成立了“民主联盟”（后改名为“社会民主联盟”）；1883年俄国工人成立了“劳动解放社”，1886年美国工人成立了“劳动者联盟”。20世纪初期，具有进步思想的资本家纷纷设立基金会，如1910年成立的卡耐基国际和平基金会、1913年成立的洛克菲勒基金会[①]。同时科教文卫等领域的非营利组织也在不断发展，国际性组织如国际红十字会和联合国教科文组织等相继成立，致力于推动全球卫生和教育事业的发展。

（5）第二次世界大战结束到20世纪末。第二次世界大战结束后，随着全球化进程的加速和国际合作的增加，非营利组织得到了进一步的扩张和发展，许多国际性的组织和基金会成立，致力于推动全球发展、人权保护和人道主义援助。如非营利组织与养老照护、残疾人康复和儿童服务等密切结合，出现了妇女组织、儿童保护组织、青少年组织等。在全球结社运动的背景下，各国的非营利组织迅速发展，在整合社会资源、提供公共服务和促进社会公平方面的作用日益显著，非营利组织也成为“政府-市场-社会”这一有机整体的重要组成部分。同时，社会运动组织也在这一时期迅速发展，如美国的民权运动和环保运动，这些组织通过社会运动和倡导活动推动社会变革和政策改革。

（6）21世纪以来的当代。在当代，非营利组织的形式和功能变得更加多样化和专业化。许多组织采用了商业化的方法来筹集资金和管理项目，同时也更加注重透明度、效率和社会影响评估。数字化和社交媒体的普及为非营利组织提供了新的宣传和筹款渠道，同时也促进了全球范围内的社会动员和倡导活动。

这里，主要介绍美国和日本两个国家的基本情况。

（1）美国非营利组织。美国非营利组织的发展历史较早，可以追溯到美国独立战争后的早期。美国最早出现的非营利组织是深受宗教影响

---

① 王世强：《非营利组织管理》，北京：首都经济贸易大学出版社，2018年，第36页。

的慈善组织，它们致力于提供救助、教育和医疗等服务。19世纪中期，美国非营利组织主要以非营利法人的形式存在；19世纪末至20世纪30年代，美国经济迅猛发展，社会改革运动兴起，社会矛盾激增，在这种情况下，一些富有的企业家和慈善家开始在美国非营利组织中发挥重要作用，催生了现代基金会（如赛奇基金会）的产生，美国非营利组织在这一时期迎来发展的高潮；二战期间，美国的一些致力于救灾等的非营利组织活跃在世界各地；自20世纪后半叶以来，美国非营利组织在数量、规模、活动范围以及影响力等方面实现了空前的增长，并逐渐呈现出专业化和机构化的特点。在当代，美国对非营利组织的管理主要依赖法律监督和税收控制两种手段。

（2）日本非营利组织。日本产生非营利组织是在开始走上资本主义道路之后，即在1868年明治维新之后，自上而下建立了一些民间力量参与不足的非营利组织。日本二战战败后，非营利组织进入全面发展时期，数量、种类、活动范围等方面迅猛发展。自1946年出台了《医疗服务法》等大批法律后，非营利组织走向法律规范化。1945年至20世纪60年代初，大批工会组织、妇女组织出现；20世纪60年代末到70年代初，出现大量环保组织、慈善基金会等；20世纪70年代末至80年代初，日本非营利组织国际化趋势日益显现；20世纪80年代末至90年代初，大批基金会出现，如全球协作基金会。1995年阪神大地震后，民众迫切要求解除不合理限制，最终1998年通过的《促进特定非营利组织法》为日本非营利组织发展创造了一个更为宽松和积极的环境。总体来说，日本非营利组织的产生、发展基本经历了一个“由外而内”“自上而下”的过程，并朝着多元化、综合化、全球化的趋势发展[①]。

二、主要历史时期中国社会组织的特征

我国社会组织的发展经历了诸多阶段，本书重点分析民国时期至今。

（一）民国时期（1911—1948年）

民国时期是我国社会组织发展的关键时期。在这个时期，中国社会

① 周强：《日本非营利组织发展简史》，载《学会》2007年第3期。

经历了政治动荡和社会变革，社会组织形式多样，包括政治团体、学术研究机构、慈善组织等，这些组织在推动政治改革、社会福利、教育改革等方面发挥了重要作用。新文化运动的社会组织推动了思想文化的变革，国民政府为维护其统治阶级的利益，也动员组织了一批社会团体，多数为商业团体、职业团体、宗教团体和公益团体①。

（二）社会组织的萌芽发展阶段（1949—1965年）

1949年新中国成立至1965年，我国根据社会主义原则对民间结社进行了较为彻底的清理与整顿。此次清理与整顿主要在两个方面对社会组织的发展产生了重大影响。一是依法取缔了部分封建组织和反动组织，包括封建色彩浓厚的互助组织和慈善组织、会党和反动政治团体；二是部分政治倾向明显的民间组织转化为政党组织，如九三学社和中国民主同盟等。在这个阶段，民间组织呈现出鲜明的非政治性特征。清理与整顿后，我国的社会团体在20世纪50年代至60年代中期得到迅猛发展。

（三）社会组织的停滞发展阶段（1966—1977年）

自1966年“文化大革命”至1977年改革开放前的十余年间，我国社会主义民主和法制建设受到一定的影响，政治、经济、文化等各项事业发展处于混乱的境地。我国社团的发展也陷入了瘫痪、扭曲和停滞状态，几乎所有的社团都停止了活动，社会组织总体上处于停滞发展阶段。

（四）社会组织的复苏发展阶段（1978—1997年）

自1978年改革开放以来，我国政治、经济以及文化等方面发生显著变化，催生了社会组织的迅速发展。改革开放后，率先恢复组织和活动的是人民团体和部分全国性团体。据不完全统计，1978年恢复成立的学会、研究会及分科学会共78家，1979年达249家②。20世纪80年代初，公益性基金会的出现也成为我国社会组织发展的一个新标志。进入20世纪90年代后，社会主义市场经济体制和“小政府、大社会”的

---

① 孙伟林：《社会组织管理》，北京：中国社会出版社，2009年，第8页。

② 王名：《中国民间组织30年—走向公民社会》，北京：社会科学文献出版社，2008年，第12页。

改革目标得以确立，为我国社会组织提供了一个比较宽松的发展环境，我国社会组织的数量也在 20 世纪 90 年代中期迎来一个新的高潮，规范化程度也越来越高。这一阶段的社会组织在总体上呈现出以下特征：社会组织的数量迅速增加、独立性明显增强、活动领域扩大，政府对社会组织的管理也日益规范。

（五）社会组织的迅速发展时期（1998 年至今）

1998 年以来，随着社会主义市场经济体制改革的深化，经济全球化的速度加快，以及公共服务供给体系的优化，中国社会组织获得许多发展机遇，并因此得到迅速发展。这一阶段社会组织主要呈现出以下特征：（1）社会组织的数量快速增多，实力不断增强。根据《中国民政统计年鉴 2022》，截至 2022 年底，全国共有社会组织 89.1 万个，比上年下降 1.2%；吸纳社会各类人员就业 1108.3 万人，比上年增长 0.8%。（2）社会组织的独立性和自主性逐步增强。社会组织焕发出强大的自治生机与活力，传统官办社会组织逐步脱离政府的管理，社会组织逐步实现由“管理”到“治理”的转变。（3）政府与社会组织的合作日益紧密。在社会组织影响力逐渐增强的情况下，政府更加重视与社会组织的合作，鼓励和支持社会组织全方位参与社会治理，实现政府与社会组织的良性互动。（4）社会组织管理日益规范化。尤其是 2016 年通过了《中华人民共和国慈善法》，标志着我国现代社会组织管理在法治轨道上又前进了一大步。

三、社会组织的管理现状

（一）中国的管理实践

从中国社会组织管理的长期历程来看，我国对于社会组织的管理大致经历了新中国成立后的消灭和控制、改革开放初期的松绑和吸纳，以及 21 世纪的支持与培育三个阶段。社会组织管理模式也有相应的变化，近年来学术界做了大量研究，关于国家社会组织管理模式主要有以下几个代表性观点：分类控制模式与行政吸纳社会模式、嵌入式监管模式、监护型控制模式以及限制模式。（1）分类控制模式与行政吸纳社会模式。该模式实质上折射出国家对社会组织的控制，分类控制模式是指国家作为“理性经济人”，对不同类型的社会组织采用不同的管理策略。行政吸纳社会模式虽然体现了政府与社会组织的合作互动，体现出国家对于社会组织的支持，但实际上社会组织对政府的依赖度仍较高。（2）嵌入式监管模式。嵌入的视角将国家看作是社会组织所处的一个环境背景，该模式折射出社会组织制度环境的变化，即国家放松对社会组织的管控，积极培育社会组织，呈现出政府对社会组织管理制度化水平提升、管理手段多元化等内容。此外国家并非只是单方嵌入社会组织，之后还形成了双向嵌入、多元化双向互嵌等模式。（3）监护型控制模式。该模式也体现出国家对社会组织的控制，一定程度上显现出国家管理的一种“家长式”作风。（4）限制模式。该模式折射出国家对社会组织规范化、合法化的重视，也就是说国家对社会组织的管理在限制模式的指导下，侧重于明确社会组织登记管理、运行管理等方面的规定。

21世纪以来，政府和社会组织的关系日益合作化、紧密化，控制色彩逐渐弱化，社会组织对国家治理、社会治理的重要性日益显现，构建有限政府和服务型政府成为当今时代的重大课题。在这样的背景之下，我国中央和地方政府在社会组织管理实践的过程中，积极探索社会组织管理的新模式，主要围绕国家支持和培育社会组织的发展、激活社会组织的活力等方面，形成了“枢纽型社会组织管理”“分层管理”等新模式。如上海静安区在中央加强社会组织建设，激发社会组织活力的指导思想下，积极建立社会组织建设与管理工作联席会议制度，在全市率先创建了“1＋14＋X”枢纽型社会组织服务管理模式，孕育了一大批高质量社会组织，这些社会组织成为参与社会治理、促进社会和谐的重要力量。

总体上来说，我国社会组织管理模式和实践并不是一成不变、僵硬模式化的，而是基于当下国家和社会治理的实际情况的产物，体现了国家总体治理思路与重点任务，并将随之而不断变革和发展，以实现积极发挥社会组织作用，激发社会组织活力，从而推动社会可持续发展的目标。

（二）管理挑战

我国社会组织管理取得一定成效，在登记管理领域取得较大突破，但从总体上来看，社会组织管理还面临一些挑战，体现在登记管理、日常监管以及培育和扶持三方面①。

在登记管理上，一方面，我国目前的社会组织管理体制主要采用的是“直接登记”制度，但实际上“直接登记”制度只局限于行业协会商会、科技、公益慈善和城乡社区服务四类，其他特殊领域的社会组织一般都需要审批后再登记，部分社会组织还需要获得行业主管部门的资质认可。总的来说，我国社会组织登记管理呈现出直接管理制度和双重管理制度并存的局面，存在一些社会组织登记公平方面的挑战。另一方面，我国社会组织登记管理机关的行政力量不足，直接登记制度的实施带来了社会组织数量的增加，但配套登记管理机关的力量较为薄弱，带来了较大的工作挑战。

日常监管上主要存在三大问题。一是制度依据不明。“三大条例”规定了登记管理机关和业务主管单位各自的监管职责，但对于社会组织违法行为类型及其相应处罚手段等没有明确规定。二是监管主体职责不明，协调困难。我国现行的监管方案和制度，并没有规定各监管主体间的明确职责，导致监管主体之间职责混乱，监管并没有取得预期成效。三是设立“监管型”社会组织会加剧社会组织“行政化”。当前一些地方创新设立了“监管型”社会组织，帮助政府监管社会组织，这种社会组织虽然名义上与政府无关，但实际上它们的发起人和主要资源都来自政府，从而加剧了社会组织的“行政化”现象。

在培育和扶持工作上也有欠缺。一是政府主导培育平台的做法缺乏合法性。社会组织培育中心大多是以孵化平台的形式出现，政府主导型培育平台一般是一种介入式培育，会造成社会组织的行政化，不利于社会组织自主性的发挥，不适应我国改革趋势。二是政府培育和扶持效果难以评估。评估要以绩效为基础，同时需要充足的社会组织工作成果信息支撑评估工作，而在实际管理工作中，政府对于社会组织的培育和扶持工作的成效难以定量化评估，面临评估难题。三是社会组织资金支持方面存在挑战。我国社会组织的资金依赖于社会捐赠以及政府购买服

① 郁建兴、王名主编：《社会组织管理》，北京：科学出版社，2019 年，第 41—45 页。

务，而过分依赖政府购买服务会导致社会组织的资金周转受限。

第三节 社会组织的管理体制

一、中国特色的管理体制

社会组织管理体制是指政府管理社会组织的制度安排和运行机制的总和，对社会组织的产生和发展有重大影响。我国社会组织经历了曲折发展的阶段，社会组织管理体制也相应经历了从分散多头管理、双重管理到分级管理的不同发展阶段。

（一）分散多头管理时期（1978—1987 年）

1949 年中华人民共和国成立后，为了巩固新生政权，党和政府开始整顿和清理民间组织。1969 年 1 月，主管社团工作的内务部被撤销，随后社会团体的工作由财政部、公安部、卫生部等多部门管理。1978 年 2 月民政部成立，但社会团体管理的格局并未改变，仍然处于多部门管理的状态。改革开放后，我国社会结构发生巨大转变，传统单位制逐渐解体，社会自主性不断增强，社会组织得到快速发展，但新建立的民政部并未完全恢复其职能，形成了社会组织“万马奔腾，各行其道”的现象。

（二）双重管理时期（1988—2001 年）

随着社会组织数量的快速增长，分散管理制度已经无法适应我国社会的发展，1989 年的政治风波，更是暴露了社会组织分散管理制度的诸多弊病。在这一背景之下，政府开始采取措施强化对社会组织的管控，避免社会组织干扰政治、社会与经济发展。1989 年国务院颁布《社会团体登记管理条例》《民办非企业单位登记管理暂行条例》等条例，规定对民政部门归口分级登记、登记管理机关和业务主管单位共同管理社会团体、民办非企业单位，初步形成了我国社会组织的双重管理体制。

1998 年修订的《社会团体登记管理条例》、颁布的《民办非企业单位管理暂行条例》以及 2003 年修订的《基金会管理条例》构建了我国社会组织管理的基本框架，即双重管理制度，该制度的主要内容是双重负责、分级登记、限制竞争。(1) 双重负责。民政部门是社会团体、民办非企业单位和基金会三类社会组织的登记管理机关，承担它们的成立、变更、注销的登记，以及年检、监督检查与行政处罚等职责。相关的政府部门或政府授权机构是社会组织的业务主管单位，负责社会组织的筹备申请、成立、变更、注销的审查，年检的初审，以及监督与指导社会组织的日常活动。增设分支机构需要经过业务主管部门与民政部门的双重审查。(2) 分级管理。依据社会组织活动的地区和级别，实行分级登记、按地区管理方式：全国性的社会组织由中央部门负责，地方性社会组织由地方政府部门负责。(3) 限制竞争。在同一行政区域内，不予设立业务范围相同或相似的社会组织，对于已设立的业务范围相同或相似的社会组织，予以撤销或合并①。

（三）分级管理时期（2002 年至今）

1. 旧制度突破时期（2002—2011 年）

随着市场经济体制、政府职能转变、全球化等的不断发展，社会组织数量迅速增加及类型日趋多样化。双重管理体制在维护社会组织政治可靠性的同时，也产生了社会组织合法性缺失和政府依赖性较高等负面影响，因此，社会组织双重管理体制亟须改革。2002 年之后，尤其是 2006 年之后，各地方开始以变革登记管理制度为突破口，大力创新社会组织管理体制。如 2002 年上海市政府率先成立了行业协会发展署，负责管理行业协会事务，以解决行业协会登记困难问题。总体来看，双重管理制度的最初突破口是双重登记制度。

2. 新制度构建时期（2012 年至今）

在前期一系列突破旧制度的试验的基础上，2012 年广东省将社会组织主管单位改为业务指导单位，率先在地方上终结了双重审批、双重登记制度。2012 年民政部在全国推广实施社会组织直接登记，首次在国家政策层面确定了直接登记制度。总体来看，虽然目前关于社会团体

① 王雁红：《从双重管理到分类管理：我国社会组织管理的制度变迁与路径创造》，载《江苏社会科学》2018 年第 6 期。

登记管理、基金会管理、社会服务机构（旧称民办非企业单位）管理的全新法规尚未正式出台，但是新的社会组织管理制度的雏形（分类管理制度）已经寓于“十四五”规划、党的二十大报告等党和政府的重要政策文件之中。分类管理制度的内容可以概括为以下几点：一是党委领导、政府负责、社会协同、公众参与的社会组织管理制度框架。二是分类指导，即对社会团体、行业协会与民办非企业单位（或社会服务机构）实施不同的管理政策。三是分类登记，即对行业协会商会类、科技类、公益慈善类、社区服务类等部分社会组织实施民政部门直接登记制度或备案制度，对直接登记范围之外的其他社会组织实施双重管理制度。

表 1-1　分类管理制度的相关政策及主要内容

时间	政策文件	主要内容
2006 年	《中共中央关于构建社会主义和谐社会若干重大问题的决定》	健全党委领导、政府负责、社会协同、公众参与的社会管理格局；培育发展与管理监督并重，完善培育扶持和依法管理社会组织的政策
2007 年	《党的十七大报告》	健全党委领导、政府负责、社会协同、公众参与的社会管理格局；加强社会组织建设和管理
2011 年	国家“十二五”规划	重点培育和优先发展经济类、公益慈善类、民办非企业单位和城乡社区社会组织
2012 年	《民政事业发展第十二个五年规划》	重点培育和优先发展经济类、科技类、公益慈善类和社区服务类社会组织；推进社会组织登记管理创新，拓展社会组织直接登记范围，推行社区社会组织社区备案制度；完善社会组织监管体系；加强社会组织党建工作；健全社会组织负责人管理、资金管理、年度检查、查处退出等制度；制定社会组织行为规范和活动准则，实行社会组织分类评估制度，完善失信惩罚机制；引导社会组织完善内部治理结构
2012 年	《党的十八大报告》	构建党委领导、政府负责、社会协同、公众参与、法治保障的社会管理体制
2016 年	国家“十三五”规划	推动登记制度改革，实行分类登记制度；支持行业协会商会类、科技类、公益慈善类、社区服务类社会组织发展；加快行业协会商会与行政机关脱钩；健全法人治理结构

续表

时间	政策文件	主要内容
2016 年	《关于改革社会组织管理制度，促进社会组织健康有序发展的意见》	坚持党的领导、改革创新、放管并重、积极稳妥推进原则；统一登记、各司其职、协调配合、分级负责、依法监管的中国特色社会组织管理体制
2016 年	《民政事业发展第十三个五年规划》	重点培育和优先发展行业协会商会类、科技类、公益慈善类、社区服务类社会组织；对直接登记范围之外的其他社会组织继续实行双重负责的管理体制；推行社会组织抽查审计制度；加强社会组织活动的事中事后监管；建立多部门参与的联合执法机制
2017 年	《党的十九大报告》	共建共治共享的社会治理格局；完善党委领导、政府负责、社会协同、公众参与、法制保障的社会治理体制
2019 年	《党的十九届四中全会公报》	坚持和完善共建共治共享的社会治理制度，完善“七位一体”的社会治理体系
2022 年	《党的二十大报告》	完善社会治理体系，健全共建共治共享的社会治理制度，提升社会治理效能，建设人人有责、人人尽责、人人享有的社会治理共同体

二、国际比较分析

国外非营利组织管理体制大致可以分为对口管理、共同管理、司法部门管理和政府内务部门管理四种。(1) 对口管理体制。是指政府有关部门相对应地管理，代表性国家是日本。日本民法规定，设立公益法人必须经过主管机关（总理府、总务厅等 23 个部门）的批准。此外，一些省、厅还根据公益法人活动的范围，委托地方行政长官代行管理职能。(2) 共同管理体制。是指由政府几个部门共同管理，代表性国家是加拿大。加拿大管理非营利组织的机构主要是消费者商业事务部、税务局以及国内事务部。(3) 司法部门管理体制。是指由本国司法部门管理，代表性国家是美国、德国、瑞士和泰国等。以美国为例，每个州都设有司法管理部门，如加州设有慈善信托登记处和慈善信托法律与审计部。(4) 政府内务部门管理体制。是指由政府内务部门管理，代表性国家是捷克斯洛伐克。在捷克斯洛伐克，成立社团必须向共和国内务部登记注册①。

国外对于非营利组织的管理体制侧重于登记管理、税收管理以及监督管理三方面，且法律制度健全。在国外，成立社会团体必须依法到政府有关部门申请并经审批注册后才能开展活动。同时国外的管理体制对于非营利组织的税收减免等做了明确规定，同时有较为完善的社会监督机制。

我国与国外的非营利组织管理体制相比，既有相似之处，又有差异。相似之处主要表现在以下几个方面：（1）都具有法律法规保障。国内外的非营利组织管理都有一定的法律法规体制，助推非营利组织规范化、制度化发展。（2）都有登记管理制度。国内外非营利组织管理体制都侧重于对非营利组织的登记管理，对于组织的注册登记等流程有较为完善的规定。（3）都有财务和审计等的相关规定。国内外非营利组织管理体制都对非营利组织的税收减免、财务披露和审计等方面做了明确规定。差异主要表现在以下几个方面：（1）管理体制的成熟度。相对来说，国外非营利组织的发展比我国的更为成熟，管理体制相应来说发展也更为成熟。（2）与政府的关系。我国社会组织管理体制总体上显现出我国社会组织的独立性较国外非营利组织更差，更依赖于政府，而国外非营利组织则更为独立，内生动力较强。（3）法律体制的完善程度。我国的非营利组织管理体制虽然有部分法律法规保障，但相对来说没有国外的完善，仍存在较大的发展空间。

综上所述，我国社会组织管理体制极具中国特色，是适应我国社会组织发展的产物，但与国际相比，在法律法规建设、组织独立性建设等方面仍有很大的完善空间。

三、中国社会组织管理体制改革趋势及其对社会组织的影响

（一）改革方向和趋势

随着社会组织的发展，我国社会组织管理体制改革的方向和趋势主

① 刘俊月、邓集文：《当代国外政府对非政府组织的管理考察》，载《中共长春市委党校学报》2004 年第 5 期。

要包括以下几个方面：(1) 登记管理方面。在行政机关尤其是政府，我国强调要尽快推进简政放权，建设服务型政府。相对应地，我国社会组织管理体制改革将在登记管理领域取得较大的突破，如简化社会组织的注册程序，减少行政审批环节，降低注册门槛，提高注册效率。(2) 监督管理方面。我国社会组织管理体制改革注重加强对社会组织的监管，尤其是对于财务方面的监管。(3) 培育和扶持方面。我国社会组织管理体制改革注重加大对社会组织的培育和扶持，提供更多的社会政策支持。(4) 规范管理方面。由于我国社会组织管理的相关法律法规还不够完善，我国社会组织管理体制改革注重加大法律法规的建设力度，为社会组织管理提供充分的法律保障，以推动其规范化发展。(5) 党建方面。中国共产党在推动我国社会发展的过程中，发挥了核心作用，基于此，我国社会组织管理体制改革尤为注重加强社会组织的党建工作，夯实社会组织的党建基础。(6) 与政府关系方面。我国社会组织目前普遍存在独立性不够、过于依赖政府的情况，因此我国社会组织管理体制改革注重弱化社会组织与政府的关系，增强社会组织的自主性。

(二) 对社会组织的影响

社会组织管理体制的变革必然会对社会组织的发展产生一定的影响，主要表现在以下几个方面：(1) 增加社会组织数量。通过简化社会组织的注册程序和减少行政审批程序，鼓励成立更多的社会组织，推动社会组织的发展壮大。(2) 提高社会组织质量。通过加强对社会组织的监管，尤其是要求社会组织进行财务披露、接受独立审计等，可以确保社会组织的财务管理和运作符合规范，增强社会对社会组织的信任度，从而提高社会组织的质量。(3) 拓宽社会组织活动领域。通过为社会组织提供相应的政策和支持措施，加大培育力度，能够拓宽社会组织的活动领域，激励社会组织在解决社会问题、推动社会进步方面发挥更大的作用，同时促使其多元化和创新性发展。(4) 提高社会组织规范化程度。通过完善有关社会组织发展与管理的法律法规体系，并对其人力资源管理、财务管理等方面做出明确规定，能够为社会组织的具体运作提供思路与限制，从而推动其规范化发展。(5) 夯实社会组织党建基础。通过加强社会组织的党建工作，将社会组织党建工作融入社会组织管理制度中，能够增强我国社会组织的竞争力。（6）增强社会组织的自主性。我国社会组织管理体制改革将会推动社会组织参与社会治理的自主性，从而激发社会组织的活力。

◎本章习题

1. 什么是社会组织？
2. 社会组织有哪些功能？
3. 中国社会组织有何特色管理体制？
4. 中国社会组织管理体制改革趋势对社会组织有哪些影响？

第二章 社会组织理论基础

第一节 组织行为理论

一、组织行为理论概述

组织行为理论伴随着组织行为学这一学科的发展而不断丰富和发展。它的起源可以追溯到20世纪初，当时随着工业化的兴起和大规模组织的出现，人们开始对组织内部的行为模式和动态产生兴趣，组织行为学应运而生。组织行为学作为一门独立的专门研究组织中人的心理和行为发展规律的学科，经历了从早期的科学管理研究、人际关系研究到组织行为研究的艰难历程，在这个艰难过程中催生了组织行为理论。该理论大致经历了以下几个阶段：

（1）古典科学管理理论阶段（1900—1927年）。代表人物及其观点主要有泰勒的科学管理理论、法约尔的管理过程理论、韦伯的行政组织理论等。在这个时期，管理理论的核心在于强调组织和管理的科学性、严密性，讲求提高生产效率，但忽略了人的作用，单纯把人看成“经济人”，把工人看作机器，忽略了人的感情和积极性。

（2）以霍桑实验开始的人际关系理论以及之后的X-Y理论阶段（1927—1965年）。代表人物及其观点主要有梅奥的人际关系理论、马斯洛的需求层次理论、赫茨伯格的双因素理论、道格拉斯·麦格雷戈的X-Y理论等。其中梅奥总结整理霍桑实验的有关成果，提出了人际关系理论，主要观点有职工是“社会人”、企业中存在“非正式组织”、新型的领导能力在于提高职工的满意度。在这个时期，管理理论的核心在于激发组织成员的积极性。

(3) 以权变的态度和方法来看待人及其组织行为的现阶段（1965年至今）。代表人物及其主要观点有：菲德勒的领导有效性权变模型、豪斯的路径-目标领导理论等。有效权变理论认为每个组织所处的内部环境和外部环境不同，因此在管理活动中不存在一成不变、普遍适用的最好的管理理论和方法，即在管理实践活动中要依据组织所处的外部环境和内部条件选择相适应的策略。在这个时期，管理理论更加侧重于用系统与权变的观点看待组织发展与变革。

随着组织行为理论的不断丰富与发展，社会组织作为一个组织实体越来越意识到研究组织中的人及其行为规律的重要性，组织行为理论也随之成为社会组织的一个重要理论基础，给社会组织管理提供了较好的管理思路与方法。其中组织文化、领导理论、组织变革、动机理论等对于社会组织的发展尤为重要。

二、组织文化与组织结构理论

（一）组织文化理论

20 世纪 80 年代初，“组织文化”成为一个大众化概念，不同的学者对其有不同的定义，如斯蒂芬·P. 罗宾斯认为组织文化是组织成员的共同价值体系，使组织独具特色，区别于其他组织[①]。基于此，组织文化是指为实现组织目标所形成的，为组织全体成员共同接受的价值观念、行为准则、思维方式等的总称。

20 世纪 70 年代日本顺利实现经济腾飞，成为仅次于美国的世界第二经济大国，从而促使美国研究日本企业成功的经验。美国学者用文化理论研究、解剖了日本的企业管理，总结出日本经济成功的秘诀是企业文化。组织文化理论认为，对组织中的人的管理方法应该是非正式规则的约束、文化的微妙性暗示以及集团精神的感召。这对于社会组织管理来说提供了新的思路，启示着社会组织管理者不能只依赖管理工具和制度，而要越来越深入管理的艺术层面，从组织文化着手加强软性管理，

① ［美］史蒂芬·P. 罗宾斯：《组织行为学精要》，郑晓明译，北京：机械工业出版社，2000 年，第 352 页。

如组织目标、作风等[①]。

社会组织文化是社会组织富有生命力和活力的基础，组织行为理论还认为社会组织在进行管理或服务时，必然会受到社会组织文化的影响。而不同类型的组织文化会对员工行为和绩效产生不同的影响，缺乏良好社会组织文化指导的社会组织难以在社会中生存与发展，启示社会组织在管理的过程中要注重提高组织产品的文化内涵、培育优良的组织精神、加强组织文化建设与革新，以推动社会组织的可持续发展。

（二）组织结构理论

组织结构是组织全体成员为实现组织目标，在管理工作中进行分工协作，在职务范围、责任、权利方面所形成的结构体系，包括直线结构、职能结构、矩阵结构、旁系结构等。组织结构理论认为组织结构并非是一成不变的静态结构，而是随着工作任务和工作环境等的变化而不断变化的动态结构。社会组织受该理论的影响，在组织发展过程中强调组织结构设计对于组织发展的重要性，并且意识到社会组织结构要与社会组织自身类型及其发展状况相匹配，不存在普适的组织结构。社会组织基于组织结构理论的指导，在组织结构设计中遵守管理层次原则、管理跨度原则、统一指挥原则、责权一致原则、集权与分权相结合原则、弹性动态原则等，根据组织外部环境的变化对社会组织结构加以优化调整，充分提高了社会中组织的适应性。

总而言之，组织行为理论认为组织文化和组织结构对于社会组织的发展极为重要，必须充分重视其作用，并适应社会组织内外部环境的变化而不断调整，给社会组织的发展与管理提供了新思路。

三、领导与决策理论

（一）领导理论

斯蒂芬·P. 罗宾斯认为领导是影响一个群体实现一定目标的能力。领导理论是组织行为理论的核心，是研究领导有效性的重要理论，

① 许芳：《组织行为学原理与实务（第三版）》，北京：清华大学出版社，2021年，第15—16页。

主要包括领导特质理论、领导行为理论、领导权变理论及新兴理论。领导的风格与能力在一定程度上决定了组织的生死存亡。在领导理论的启示之下，社会组织意识到，在组织的运作管理中，必须根据实际情况培养并选拔适应社会组织发展的有效领导者及其行为风格，以更好地实现社会组织发展目标。本书第四章第二节领导力理论与实践中详细介绍了领导力理论。

（二）决策理论

决策是组织管理者为实现一定的组织目标所进行的政策选择的过程，组织决策是社会组织管理的一个重要环节。与个人决策不同，组织决策是一个多人相互作用的过程，是在一个稳定的组织结构、组织制度中运作的[①]。在组织发展的过程中，经过学者们的不断研究，决策理论得到丰富和发展，形成了几种比较典型的决策理论模型，这是组织行为理论的代表性理论之一，对于研究社会组织的决策行为及成效尤为重要。本书将简单介绍几种经典的行为决策理论。

1. 理性决策模型

理论决策模型简称为理性模型，起源于传统经济学理论，以“经济人”假设为前提。主要内容是：(1) 决策者面临的是一个既定的问题；(2) 决策目标明确，且可排序；(3) 有多个决策方案；(4) 决策者所面临的自然状态是不以人的意志为转移的；(5) 能够准确地预测出每一个方案在不同的客观条件下所能产生的结果，并作出最佳选择。但在实际情况中，并不存在这种完全理性的状态，因此在社会组织的发展的过程中并不完全适用。

2. 有限理性模型

该模型由西蒙提出，是一个较符合现实的模型。西蒙认为人的理性是介于完全理性和完全非理性之间的一种有限理性。主要内容是：(1) 手段和目标之间存在着冲突与矛盾；(2) 决策者受知识水平等的限制，追求的是“有限理性”；(3) 决策者在决策中追求“满意”标准，而非“最优”标准。从这些理论假设来看，该模型更符合实际，更适用

① 周雪光：《组织社会学十讲》，北京：社会科学文献出版社，2003 年，第 293 页。

于社会组织决策。

3. 渐进决策模型

渐进决策模型是由美国学者林德布洛姆在批评理性决策模型的基础上构建的。他认为政策的制定实际上是过去的持续，是根据过去的经验而对现行的政策做出的局部的、边际性的调适。主要内容是：(1) 政策目标与政策手段是不断调适的；(2) 政策目标与政策行动是相互交织的、密不可分的；(3) 渐进决策本质是补救性的和改良性的；(4) 决策者追求的不是最佳决策，而是一致决策。该模型适用范围有限，适合较为稳定的社会组织决策，而不适用于变革时期的社会组织决策。

4. 垃圾桶决策模型

该模型由马奇和奥尔森提出，核心观点是组织的决策是环境、决策者、要解决的问题和解决方法以及选择机会等综合作用的结果，这些要素随机混合形成决策。形成垃圾桶决策的主要原因是偏好的不确定性、方法技术的不确定性以及参与者的流动性。该决策模型指出，组织决策十分复杂，研究组织决策时必须注重多重独立平行过程的影响。

组织行为理论对于社会组织决策过程有重大启发，告诉我们尽管决策模型有很多，但没有一种模型能够适用所有组织，社会组织必须要根据实际情况具体分析，以实现社会组织的科学决策、民主决策。

四、动机理论与员工激励

（一）动机理论

动机是指为完成组织目标而采取行动的因素，具有动力性、复杂性以及方向性等特征。20 世纪 50 年代以来，管理学家和心理学家开始用动机理论来解释组织激励问题。动机理论又称为激励理论，是组织行为理论的一个重要理论，大致可以划分为以下四类：(1) 内容型激励理论，着眼于满足员工需要，包括马斯洛需求层次理论、奥尔德弗的 ERG 理论、赫茨伯格的双因素理论、弗克利兰的成就需求激励理论等；(2) 过程型激励理论，着眼于研究人从动机产生到采取行动的心理过程，包括亚当斯的公平理论、弗鲁姆的期望理论等；(3) 行为改造型激励理论，着眼于如何改造和转化人的行为，包括斯金纳的强化理论、海德的归因理论以及亚当斯的挫折理论等；（4）综合激励理论，是对于前几种理论的综合，包括麦格雷戈的 X-Y 理论等。详细内容参见本书第四章第三节激励与团队建设。

（二）动机理论对社会组织员工激励的启示

现代社会组织管理实践的核心任务之一是调动员工的积极性、主动性和创造性。社会组织在动机理论的指导之下，意识到要想更好地实现组织的可持续发展，为社会成员提供更为优质的公共产品和社会服务的目标，就必须给予社会组织成员充分的激励：首先社会组织在管理的过程中要充分了解员工的需求，尝试估计员工的满足水平，从多种角度实施激励；其次社会组织为了激励员工积极性，不一定要单纯提高满足度，也可以强化满足感与工作绩效之间的联系。调动员工积极性有多种方式，并不存在适用于一切组织的激励手段，因此社会组织必须根据自身的具体实际情况，选择最为合适的激励手段，以实现社会组织的目标。

第二节　社会资本理论

一、社会资本理论概述

“社会资本”的概念最初由经济学的“资本”演变而来，马克思认为，“资本是能够产生利润的那部分剩余价值，在商品的生产与交换过程中产生”①。最早从社会学角度提出社会资本概念的是美国社会学家罗瑞，通过探讨城市中心黑人孩子与其他地区孩子社会资源的差别，用以说明种族间的不平等现象。罗瑞虽然使用了社会资本的概念，但并未对其做系统分析。第一次从社会学角度对社会资本进行分析的是布尔迪厄，其将资本分为经济资本、社会资本与文化资本，主张关系的首要地位，指出经济资本才是社会资本的根基，而社会资本只是经济资本的伪

① ［美］林南：《社会资本——关于社会结构与行动的理论》，张磊译，上海：上海人民出版社，2005 年，第 4 页。

装。他认为社会资本是“实际的或潜在的资源的集合体，这些资源与网络密不可分，而这一网络是大家共同熟悉的、得到公认的，且是一种体制化的关系网络”[①]。科尔曼按照社会资本的功能，把它界定为“个人拥有的社会结构资源”。

对于社会资本，尽管不同学者的表述有所不同，但其基本的意义和指向是相同的，都把社会资本定义为一种和物质资本、人力资本相区别的存在于社会结构中的个人资源，它为结构内的行动者提供便利的资源，包括规范、信任和网络等形式。社会资本是指个体或团体之间的关联——社会网络、互惠性规范和由此产生的信任，是人们在社会结构中所处的位置给他们带来的资源。

自20世纪80年代以来，社会资本理论引起了学术界的广泛关注，并在实践中不断丰富和发展，经历了理论提出、实证研究和理论深化等阶段，成为社会组织管理的一个重要理论基础。它主要关注个体和社会之间的关系网络及其对社会的影响，代表人物及其观点有：（1）格兰诺维特的“弱关系假设理论”，即在个人的网络关系中，能够提供有重要意义的信息和帮助的关系并不是那些亲密或熟悉的人（强关系），而是那些关系疏远的人（弱关系）；（2）我国学者边燕杰基于我国实情提出的“强关系假设理论”，其认为强关系而非弱关系可以充当没有联系的个人之间的网络桥梁；（3）林南的“社会资源理论”，他认为那些嵌入个人社会网络中的社会资源——权利、财富和声望，并不为个人所直接占有，而是通过个人直接或间接的社会关系来获得；（4）博特的“结构洞理论”，他认为由三人（以上）构成的封闭关系网络中，其中任何两个关系发生中断，则第三人就处于绝对控制信息的有利位置，即“结构洞”位置，可以带来信息利益与控制的利益。

社会资本理论的核心观点是社会资本资源嵌入在相互联系的个体、群体或民族的社会网络中，并且可以通过社会关系网络去获得。社会资本理论着重于研究社会关系网络的重要性，强调通过人与人之间、组织与组织之间的联系，以及所结成的社会关系网络来获取发展所需资源，

① 包亚明：《文化资本与社会炼金术——布不迪厄访谈录》，上海：上海人民出版社，1997年，第232页。

为社会组织研究与管理开辟了新的视角。

二、社会关系网络理论

社会关系网络是社会资本的载体，是指多个社会行动者（个人/组织/国家）在互动中形成的相对稳定的关系结构，与社会互动有着密切联系，关注的是人们之间的互动和联系。社会关系网络理论的基本观点是：个人或组织受到网络的约束，个人或组织拥有的关系的规模和在网络中的地位对其收益有影响。社会网络和社会关系在社会组织的生存和发展中扮演着重要的角色，贯穿社会组织的方方面面，良好的社会网络和社会关系是一个组织生存和实现可持续发展的基本条件。

社会组织是由众多组织内外部成员共同组成的，缺乏良好社会关系网络的社会组织也就缺乏组织生命力和活力，在组织发展中将会面临巨大的挑战。社会组织通过引入社会关系网络理论，意识到构建和谐的社会关系网络对于社会组织的发展有巨大的推动作用，具体表现在以下几个方面。

（1）在资源获取方面，通过构建社会关系网络，社会组织有了更为广泛而顺畅的获取和共享资源的途径，同时拓宽关系网，更轻松地获取更多所需要的支持。这些资源包括资金、信息、技术、人力等，为社会组织的生存和发展提供基础保障。如我国许多公益组织通过构建良好的社会关系网络吸纳了众多志愿者以及社会捐款等。

（2）在需求把握方面，社会关系网络有助于社会组织更好地了解和把握服务对象的需求。社会组织通过与当地社区建立良好的关系，从而更好地了解当地需求，并提供更具针对性和有效的支持和服务。

（3）在合作和协作方面，社会关系网络为社会组织搭建了合作和协作的平台。一个社会组织的力量是有限的，我们常常说社会组织的发展不是“单打独斗”，而应该强调组织间的良好合作，否则社会组织的发展动力将缺乏长久性、持续性。

（4）在影响力和宣传方面，社会关系网络有助于社会组织传播信息并扩大影响力。社会组织要想实现可持续发展，必须在宣传和扩大影响力方面下功夫。通过社会关系网络，社会组织可以更为广泛地传播其使命和价值观，吸引更多的社会关注和支持，同时可以更有效地影响他人的态度和行为。

（5）在社会支持和信任方面，社会关系网络为社会组织提供了社会支持和建立信任的渠道。在社会网络中建立良好的关系可以帮助社会组织获得来自其他组织和个人的支持，同时也有助于建立信任，使得社会组织所提供的产品和服务更为有效。尤其是当今时代，社会组织所提供的产品和服务更多依赖的是政府购买，因此社会组织要想持续发展，必须与政府建立良好的社会关系，同时尽可能得到更多的社会网络和社会关系的支持。

三、信任与规范理论

（一）信任理论

信任是社会资本的核心，是指社会组织所获取的内部和外部支持和认可的程度。在建立社会关系网络时，信任是基础。社会资本理论认为当个人或组织相互信任时，他们更愿意分享信息、资源和支持彼此，从而促进合作、创新和共同发展。信任也有助于减少交易成本，提高效率，这是因为信任可以减少对合作伙伴的监管和控制，从而加速决策和行动。而缺乏信任的社会组织，难以在社会中立足和发展。我国社会组织在发展的过程中面临一个巨大的困境就是组织公信力不够，社会信任危机频发。比如，中国红十字会是中国最大的人道救助组织之一，提供应急救援、人道救护等业务，是从事人道主义工作的社会救助团体，组织运营资金充分依赖社会捐赠，但不管是“郭美美事件”还是疫情初期武汉红十字会的表现，都损害了社会组织的公信力，组织内外部成员对红十字会等公益慈善组织的信任逐渐下降，从而导致了公益慈善组织的社会捐款日益减少，阻碍了公益慈善组织志愿活动的开展。引入社会资本理论，并基于社会组织实际情况，社会组织愈发认识到建立良好的信任对于组织生存和发展的重要性。信任理论启示社会组织如果必须要通过坚持透明沟通、履行承诺、建立共同的价值观、把握服务需求等方面，来建立良好的信任。

（二）规范理论

规范是社会资本的基础，是指在社会网络中为社会成员所共同遵守的行为准则和价值观。这些规范可以是正式的，如法律法规和行业标准，也可以是非正式的，如道德规范和社会习俗。规范的存在有助于建立信任，减少不确定性，并确保社会网络的稳定和可持续发展。社会资本理论认为当社会网络中的参与者遵守共同的规范时，他们更容易建立信任关系，减少冲突，促进合作。如果管理者与组织成员一起构建共享社会组织共同意识，那么相比于不作为的管理者，前者将会更加成功。社会组织在具体的日常管理与实践中，愈发意识到规范对于社会组织生存和发展的重要性。社会组织如果没有成员共同遵守的规范，无论是在组织成员管理还是在活动动员与开展的过程中，都难以达成预期的效果，更难以实现组织发展目标。社会组织广泛吸纳社会资本理论，明确建立组织共同规范的必要性。社会资本理论启示社会组织必须通过明确反映组织使命、愿景以及承诺的核心价值观和行为准则；成员共同参与、透明公正的参与式制定；规范明确规定组织成员和领导履行的责任和义务，包括行为规范、决策程序等方面的规定；随着社会环境的变化，规范不断修订和更新，以适应新的挑战和需求等方式建立理想化的组织行为规范，推动社会组织可持续发展。

第三节　制度理论

一、制度理论概述

自 20 世纪后半叶开始，制度理论开始得到经济学、政治学以及社会学等领域的广泛关注，其理论内涵丰富，是社会组织管理的一个重要理论基础。制度理论的相关思想可以追溯到 19 世纪中期，最初是将组织作为一种由参与者的特征和承诺反映所形成的适应性工具，强调制度化是循序渐进的过程，主要关注于组织内部的惯例和氛围，即“旧制度主义”，旧制度主义理论只停留在制度的结构和功能本身，是一种静态的研究理论。随着社会科学的发展，旧制度主义逐渐向新制度主义演变，新制度主义理论将组织视为外部制度因素、规则和信念的集合，主要关注于组织外部的制度压力，将个人行为纳入解释之中，是一种动态研究，着重探讨制度对于组织运作和发展的影响。此外，旧制度主义理论学派强调组织制度化的现象是一种创造价值的实践，将组织制度化视为企业创造的价值，而新制度主义理论学派强调组织制度化是一种象征性行为，并且认为组织采取必要的实践是为了合法性而不是效率。

制度理论是一种关注社会制度对个体和组织行为的影响的理论，涉及制度环境对组织运作和发展的影响，以及组织对制度环境的适应和影响。制度理论主要强调制度环境对组织结构和过程的影响，认为组织行为的调整往往由制度性环境中的规范、文化等各种压力所引致，以追求组织在环境中的"合法性"，基本概念包括制度环境、合法性、同构化以及制度变迁等，对于研究社会组织管理有重要意义。社会组织作为一个组织实体，制度理论也就自然成为社会组织管理的一个重要理论基础。

二、合法性和同构化理论

合法性是制度理论中的核心概念，社会组织的合法性就是指社会组织获得社会的认可、接受以及信任的程度。合法性机制是新制度主义理论中最为重要的一个机制，是指各种社会组织受制度环境的制约，追求社会承认，采纳合乎情理的结构和行为。在制度环境制约下，社会组织要想生存下来，必须得到社会的承认与支持，在这种因果关系下所作出的组织行为是得到社会支持的。在现实生活中，我们通常会产生这样一个问题："在不同环境背景之下的社会组织，为什么越来越相似？"也就是组织的趋同性问题，制度理论从组织追求"合法性"的角度解释了组织趋同性这个问题。制度理论把组织追求"合法性"而被环境认可的过程称为同构化，在同构化过程中发挥作用的各种制度性压力被称为同构性压力，既源于正式规范又源于非正式性规范。基于此，同构性压力可以分为强制性压力、模仿性压力以及规范性压力三种①。合法性因此可

① 曹冬平：《工程项目 BIM 应用行为的制度性驱动因素及绩效影响机制研究》，北京：北京大学出版社，2018 年。

以分为实用合法性、道德合法性和认知合法性。基于此，迪马吉奥和鲍威尔把社会组织的趋同分为三种形式，即强制性趋同、模仿性趋同和规范性趋同。强制性趋同是指某一组织由于受到它所依赖的其他组织或者社会中的文化期待对其施加的正式和非正式压力，而在形式上与它依赖的组织或其他组织变得越来越相似；模仿性趋同的动力来自组织的不确定性，模仿行为减轻了组织的动荡；规范性趋同来源于专业化所要求的规范性。

制度主义理论还认为制度环境会改变社会组织的正式结构。迈耶和罗恩认为，很多社会组织所采用的结构和程序与技术无关，即不是为了提高产品或服务的技术效率，而是为了符合制度环境规定的要求，从而设计符合制度环境规定的正式结构，以获得合法性，从而提高生存和成功的概率①。

三、制度变迁理论

制度变迁是指新制度（或新制度结构）产生、替代或改变旧制度的动态过程，可以视为一种替代、转换和交易过程，可能涉及法律、政策、规章制度等方面的调整和变革。制度主义理论认为制度并非一经制定便永久不变，而是会随着社会环境的变化而发生动态变化。制度变迁包括自下而上的诱致性制度变迁（也称需求主导型制度变迁）和自上而下的强制性制度变迁（也称供给主导型制度变迁）两种。

就制度变迁的理论基础而言，主要有历史制度主义、理性选择制度主义以及社会学制度主义三个流派。(1) 历史制度主义。以制度脉络为视角，重视制度形成过程中宏观历史背景与权力关系的不平等性，强调制度变迁的关键转折点和制度存续的路径依赖。早期的历史制度主义者认为，在历史进程中形成的制度具有稳定性、持续性特征，因而认为制度并不能快速灵活地适应变化的环境，制度变迁不是渐进和持续的，而是激进和间断的，只有严重的经济危机或军事冲突才会使原有制度发生

① 田凯等：《组织理论：公共的视角》，北京：北京大学出版社，2020 年，第 348 页。

根本性改变。(2) 理性选择制度主义。从微观主体出发，基于社会成员之间的合约及有目的性的策略选择来解释制度设计和变迁过程，主张制度变迁的根本动因在于个体谋求私利和成本收益的比较，即个体如果感知新的制度能够增加纯收益，就有动力去制定新的制度。(3) 社会学制度主义。立足认知、规范等非正式制度，关注认知文化层面的合法性获取和制度扩散的过程，强调制度的同质性以及组织形态的相似性、稳定性。与理性选择制度主义的逻辑结构相反，社会学制度主义认为制度变迁依据的是“恰当性逻辑”而非“工具性逻辑”的发生。因此，社会学制度主义将制度变迁的过程视为新的行为规范或组织形态获得合法性并进行扩散的过程，而不是行为者之间利益冲突的过程①。

社会组织引入制度理论，尤其是制度变迁理论，从而认识到社会组织随社会环境的变化而进行相应的组织变革的必要性。制度理论认为制度变迁对组织变革有着重要的影响，组织变革又在一定程度上推动了制度变迁。具体体现在以下几个方面：一是影响组织环境。现实生活中，制度并非一成不变的，而是随着社会政治、经济、文化等的发展而改变。制度变迁会改变组织所处的外部环境，可能影响到市场规则、政策法规、社会期望等，从而迫使组织进行相应的调整和变革。二是塑造组织行为规范。新的制度环境可能导致组织内部的行为规范发生变化，组织需要调整其行为方式以符合新的制度要求。三是资源配置和获取。制度变迁可能会改变资源的分配和获取方式，这对组织的战略和运营产生重大影响，迫使组织进行相应的变革以适应新的资源环境。四是合法性和规范性。新的制度环境可能对组织的合法性和规范性提出新的要求，组织需要调整其内部结构和运作方式以符合新的合法性标准。

制度理论启示社会组织，在面对制度变迁时，需要审时度势，及时进行变革以适应新的环境。组织变革通常包括战略调整、结构重组、文化转型等方面的工作，以确保组织能够在新的制度环境中保持竞争力和获得发展空间。同时，组织的变革也可能会对制度环境产生一定的反馈作用，促进制度的进一步演进和完善。

① 吴勇锋：《从分歧到整合：制度变迁解释性研究的演进》，载《东南学术》2019 年第 5 期。

第四节　利益相关者理论

一、利益相关者理论概述

利益相关者理论是经济学中的一个重要理论，对于研究企业的健康有序发展起到了重要的助推作用，该理论起源于对“股东至上论”的批判。在传统的股东治理理论中，组织仅仅需要对所有者负责，公司治理的关键问题是如何设计一种制度安排，让管理层为所有者的利益最大化而采取行动。利益相关者理论则否定企业的根本目标为“股东利润最大化”，认为仅仅强调对股东负责很容易导致管理层为了取悦股东而不惜伤害其他利益相关者的利益①。利益相关者理论认为企业的发展离不开各种利益相关者，企业在创造利润的同时，也对政府、雇员、消费者、供应商、投资者等为企业发展做出贡献的外部利益相关者负有相应的责任。此后学者们围绕着企业的利益相关者是谁、利益相关者与企业的关系是什么、如何对利益相关者进行划分、如何满足不同利益相关者的利益、对利益相关者利益的满足与公司绩效是否矛盾等问题展开研究，形成独立的理论体系，并成为研究企业责任的一个重要视角。

20 世纪 60 年代，“利益相关者”作为正式的理论概念在西方国家逐步发展起来。1963 年斯坦福研究所的研究者提出“利益相关者”的概念，以此来表示企业的管理者需要对其利益进行响应的群体和个人，并作为“股东”的对应词。斯坦福研究所将利益相关者定义为支持并影响企业的利益群体，对后续的理论研究产生了重要影响。在这个时期，弗里曼等学者将“利益相关者”的概念分为公司计划理论、系统理论、企业社会责任理论与组织理论四大类。公司计划理论的代表人物安索夫描述了识别关键利益相关者的重要性，但他将利益相关者仅仅看作公司实现目标的约束条件，并未意识到利益相关者的益处。系统理论和组织理论都强调公司外部环境是影响公司组织的一个重要因素，20 世纪 70

---

① 田凯等：《组织理论：公共的视角》，北京：北京大学出版社，2020 年，第 350 页。

年代，企业社会责任体系理论初步形成，强调公司要系统管理其与整个社会的关系，利益相关者视角开始融入企业责任的研究之中。1984 年弗里曼的《战略管理：一种利益相关者方法》一书的出版，标志着利益相关者理论体系的正式形成，利益相关者理论逐步完善，其影响也迅速扩大，开始影响美英等国的公司治理模式的选择，并促进了企业管理方式的转变。

利益相关者理论下的管理是指企业的经营管理者为综合平衡各个利益相关者的利益要求而进行的管理活动，与传统的股东至上主义相比较，该理论认为任何一个公司的发展都离不开各利益相关者的投入或参与，企业追求的是利益相关者的整体利益，而不仅仅是某些主体的利益。该理论的核心观点是：组织应当综合平衡各个利益相关的利益要求，而不仅专注于股东财富的积累；企业不能一味强调自身的财务业绩，还应该关注其本身的社会效益；企业管理者应当了解并尊重所有与组织行为和结果密切相关的个体，尽量满足他们的需求。根据利益相关者理论，将各种利益相关者纳入组织决策中，既是一种伦理要求，也是一种战略资源，都有助于提升组织的竞争优势。随着社会科学的发展，利益相关者理论也开始在社会学领域得到关注，成为社会组织管理的一个重要理论基础，并为社会组织的管理提供了重要的思路。

二、利益相关者的识别与管理

对于利益相关者的概念有多种定义，“利益相关者”一词最早被提出可以追溯到弗里曼的《战略管理：利益相关者管理的分析方法》一书。他认为：“利益相关者是能够影响一个组织目标的实现，或者受到一个组织实现其目标过程影响的所有个体和群体。”我国学者刘美玉认为：“利益相关者是与企业具有相关利益的个人或团体，这种相关利益以契约为基础，通过契约与企业形成特定的经济关系，期望从企业经营中获取回报，并承担一定的企业经营风险。”[①] 基于此，利益相关者在

① 邵争艳：《品牌服装企业财务危机预警研究——基于利益相关者视角》，北京：中国纺织出版社，2016 年，第 19—20 页。

管理学上可以被定义为受到组织决策或行为影响，并因此对组织有利益或关切的各种主体。

由于社会组织自身属性的特殊性以及利益相关者的广泛性和复杂性，社会组织开始将治理思路瞄准利益相关者理论。通过引入利益相关者理论，在社会组织的内部管理与运作管理中，着眼于全面识别并管理社会组织的利益相关者，以推动社会组织的可持续发展。在社会组织中，利益相关者的识别是指确定能对社会组织决策、活动产生影响以及受社会组织决策或活动影响的个人、群体和组织，并分析和记录其相关信息的动态过程。利益相关者理论认为利益相关者可以分为直接和间接利益相关者、内部和外部利益相关者、主要和次要利益相关者。识别利益相关者的方法主要有两种：一是依据常规方法识别，一般来说，利益相关者群体包括项目团队、高管人员、外部利益相关者、受项目影响的利益相关者以及潜在的利益相关者（未被明确识别出来的利益相关者）等①；二是制作利益相关者地图，这种地图可以显示出不同利益相关者之间的相互关系，以及确定各利益相关者的动态性、重要性等特征，以帮助组织更清晰地理解各方的关联性。

在识别和分析利益相关者后，利益相关者理论还强调要对其加以科学有效管理，以满足利益相关者的合理需求，并促进社会组织的发展。利益相关者理论对于社会组织管理利益相关者的启示主要有以下几点：一是要分类管理，限于多种因素的影响，不可能对所有的利益相关者进行同等程度的管理，需要评估重要程度后，分门别类地对待；二是要与利益相关者建立有效的沟通与参与渠道，包括定期会议、报告、网站公告等，确保信息的透明度和及时性，并鼓励其参与决策；三是要坚持利益平衡的原则，在决策过程中，努力平衡各利益相关者的利益，尽量避免对某一方利益的过度损害，确保决策的公正性和合理性；四是要监测与回应，通过监测各方的反馈和期望，及时回应各方的关切和问题，建立有效的反馈机制，以便及时调整组织的行为和决策。

① 白思俊：《现代项目管理：升级版（第 2 版）》，北京：机械工业出版社，2023 年，第 64 页。

三、利益均衡理论

利益相关者理论的一个重要观点是要协调和平衡不同利益相关者的利益冲突，实现利益均衡。利益均衡又称为利益平衡，是在一定的利益格局和体系下出现的利益体系相对和平共处、相对均势的状态。其在应然层面很容易表达，很容易获得社会舆论的支持，但操作起来极为不易。不同利益相关者、同一利益群体内部、不同个体之间的利益偏好和目标可能差别较大，且容易产生冲突。因此，如果要求组织对所有利益相关者负责，组织的决策会变得很困难，决策成本也会上升，在很多问题上很难达成一致，实际上并不是组织管理的最优原则。利益均衡理论的核心要求在于平等对待以及实现整体利益的最大化，这也是社会组织在发展的过程中面临的一个巨大难题。社会组织构成人员较为复杂，利益相关者较多，加之社会组织自身属性的特殊性，在现实运作管理中经常遇到组织利益与组织成员利益相冲突的现象，如何协调好各种利益相关者之间的利益需求，实现社会组织整体利益的最大化，是社会组织管理的重点工作之一。

利益相关者理论提出了一个新的思路，即为解决这一难题，社会组织的一个主要方法就是建立理事会，其作用在于协调和解决不同利益相关群体之间可能相互冲突的利益，从而决定组织的总体目标并制订相应的策略。利益相关者理论极力倡导理事会成员的多元化，主张应该让不同利益相关群体的代表进入理事会，这样组织才能对广泛的社会利益做出回应，而不是仅为了某一个群体的利益而采取行动，不惜伤害其他群体的利益。一般来说利益相关者包括组织中的雇员、顾客、供应商、股东、环保主义者、政府以及其他群体。相较于企业来说，公共组织和社会组织更具有公共性，利益相关者理论在这两类组织的治理中得到了普及和广泛接受。康恩弗斯发现，在英国的教育行业中，政府非常强调把各种利益相关者纳入理事会。英国政府规定，公立学校的理事会必须由来自不同利益相关群体的代表构成，包括学生家长、当地教育局、学生主管教师的负责人。如果学校接受了志愿援助的资金的话，还要求有捐赠方的代表。1999 年，英国政府为了避免理事会构成上失去平衡和难以问责，特别规定理事会还要包括学校的行政人员代表、学生代表以及社区代表[①]。总体上来说，相对于国际上非营利组织的实践来说，中国社会组织理事会制度的发展要晚得多，直到20世纪90年代末期才开始在法律层面上初步建立理事会制度，还存在极大的发展空间。

◎本章习题

1. 组织行为理论经历了哪些阶段？各自有何特点？
2. 组织文化理论和组织结构理论之间有何关联？
3. 社会资本理论有哪些？这些理论之间有何关联？
4. 如何建立中国的社会组织理论体系？

① 田凯等：《组织理论：公共的视角》，北京：北京大学出版社，2020年，第350—351页。

第三章　社会组织的创立

一个社会组织的创立，绝不是创立者脑子一热，随随便便就能完成的。恰恰相反，健康持续发展的社会组织从一个想法到落地成为一个组织实体，往往是一个较为复杂且充满挑战又具备持续性的过程。前期必须做好充足的准备工作，包括市场需求分析、目标设定、策略谋划、资源评估以及资料准备等；中期必须严格遵循组织注册与登记程序；后期必须敏锐抓住组织发展机遇，立足于组织品牌建设与传播，推动组织创新发展，从而实现组织的可持续发展。

第一节　社会组织创立的准备工作

一、市场与需求分析

“市场”和“需求”这两个名词在经济学领域较为常见，对于分析经济现象以及衡量经济发展水平等非常重要。在经济学领域，市场需求是指一定的顾客在一定的地区、一定的时间、一定的市场营销环境和一定的市场营销计划下对某种商品或服务愿意而且能够购买的数量。企业是否生产某个商品，生产多少，都要依据市场需求而加以调整，这就受到了供求规律的影响。供求规律是市场经济的一个主要经济规律，就其本质来说，就是商品供给必须要适合商品需求的必然规律①。相应地，将经济学的知识沿用到社会组织这里，供求规律同样适用，社会组织本身就相当于一个商品，社会组织所衍生的产品和服务也是一种商品，因此社会组织是否有存在的必要性，是由市场需求决定的。如若没有市场

① 岳巍：《怎样观察市场需求》，北京：中国统计出版社，1995 年，第 2 页。

需求，社会组织也就没有了存在的必要性，归根到底，社会组织的最终目的是服务于广大的人民群众，当人民群众有某种产品或者服务的需求，相应类型的社会组织也便有了存在的必要性。在某种意义上讲，社会组织本身的产生与发展就是为了弥补政府与市场的失灵，满足人民群众的需求。因此社会组织创立前的准备工作，居于首要位置的就是进行市场和需求分析，这对于确保社会组织的可持续发展来说至关重要。社会组织的市场和需求分析的主要思路是评估目标社区或群体的需求，从而确定组织可以填补的空缺。

一般来说，社会组织进行市场与需求分析的主要步骤如下。

（一）社会组织定位

社会组织必须在创立之前就对于自身的角色定位有比较清晰的认知，明确自身的主要功能以及想要提供的公共产品和服务，这是评估市场需求的重要环节，只有这样，才能清晰准确地瞄准相应市场需求情况。如国际红十字会作为一个社会公益组织，在创立之前就明晰了自身的公益属性，清晰地认识到自身的公益服务功能；绿色和平组织（Greenpeace）作为一个国际环保组织，在创立之前已经对自身的功能定位较为明晰，他们致力于保护环境，促进实现绿色、和平、可持续发展的未来，从而相对应地分析市场有关环保方面的需求，以确定自身是否有存在的必要性。

（二）目标受众确定

拟创立的社会组织在进行市场和需求分析之前，必须明确组织的目标受众，确定受益人群体，可能是受影响的特定群体（青少年、退休老人等）、社区、地区，或者是更广泛的社会范围。目标受众又称为目标顾客，是社会组织提供的社会产品与服务所面向的消费者与受益者，也是社会组织的主要服务对象。如社区中致力于改善养老服务、提高养老质量的社会组织，其目标受众是社区中的老年群体，因此该类社会组织在创立前必须充分了解社区老年群体的养老服务需求，从而评估社会组织养老产品和服务存在的必要性。了解目标受众的特点和需求是进行市场与需求分析的基础，也是一个关键环节，是社会组织的服务导向。

（三）市场调研

确定了目标受众后，拟创立的社会组织应当开展相关的调研活动，收集相关市场数据，包括对相关社会问题领域内已有的组织和项目的调研，以及对目标受众的需求、态度和行为的调研。市场调研可以通过问卷调查、重点访谈、文献研究等方式进行，实现理论与实际相结合，以充分了解市场中有关拟创立社会组织目标受众的需求以及同类型社会组织提供的产品和服务的成熟度，从而确定社会与市场中是否有此类社会组织的需求。如若市场中对于拟创立的社会组织的产品和服务已经饱和了，那么该类社会组织自然也就没有了存在的必要性，就算成立了，在后续生存与发展中也很难实现可持续发展。

（四）需求分析

在进行市场调研的基础上，需要进行需求分析，确立目标受众的实际需求。这包括确定目标受众对于解决社会问题的期望、他们所面临的挑战和需求，以及他们对于社会服务的态度和意愿。拟创立的社会组织只有在充分明确了目标受众的需求后，才能更好地分析其产品与服务的针对性与未来规划。

（五）竞争分析

在市场与需求分析中，需要对已有的类似组织或项目进行竞争分析，具体包括对竞争对手的优势和劣势、提供的服务和项目，以及其在目标受众中的影响力和认可度等方面，从而更好地分析确定社会组织自身是否具备创立条件。当竞争对手实力强劲且已经有了较为坚实的群众基础时，拟创立的社会组织在该地区将很难实现较好的发展。

综上所述，市场与需求分析是社会组织创立准备工作中的重要环节，通过充分的市场与需求分析，社会组织可以更好地了解目标群众的需求，以及目标领域社会发展现状，从而更好地把握要创立的社会组织存在的必要性。

二、目标设定与策略规划

（一）目标设定

一个正式的社会组织必须有其明确的组织目标，组织目标是组织的宗旨或者使命的载体，是组织争取达到的一种未来状态，是组织开展各项活动的依据和动力。组织目标是一个组织未来一定时期内所要实现的目的，是组织的行动指南。任何一个社会组织都是为了某一个目标而建立起来的，它决定着组织行为的方式和组织发展的方向①。

组织目标是一个体系，它由总的战略目标、长期目标以及短期目标组成，每种目标发挥着不同的作用。战略目标是一个组织的宗旨，是组织的最高目标，是抽象的，只是指明了组织活动的方向，但是并没有设立达成的具体标准。长期目标是对于组织的战略目标的具体化，是组织比较长的一段时期内所要完成的任务。短期目标则是对长期目标的具体化、操作化，是组织目标能够付诸行动的具体化操作，是组织短期内想要完成的任务。

明确组织目标是一个组织成功创立并实现可持续发展的重要前提条件。如果将组织比喻成一艘船，那么组织目标就相当于航标，指明了组织这艘船的前进方向。美国著名管理大师彼得·德鲁克认为：并不是有了工作才有目标，恰恰相反，有了目标才能确定每个人的工作，因而“企业的使命和任务，必须转化为目标”②。因此，要想创立一个社会组织，必须明确组织的长期目标以及短期目标，以明确社会组织未来的发展方向，为社会组织的可持续发展奠定基础。组织目标与社会创业者的动机密切相关，一般来说，真正的社会组织创立者是利他主义者，其创业动机是利他动机，但现实生活中，社会创业者的动机往往是混合性的，他们在解决自己困难的过程中，让服务惠及他人③。

社会组织设立目标的主要步骤包括以下几点：（1）明确使命和愿景。拟创立的社会组织需要明确其使命和愿景，使命描述了组织的核心目的和存在意义，而愿景则表达了组织对未来的期望和理想状态，这两者为制定长期和短期目标提供了基本框架。（2）分析外部环境。社会组

① 陈振明等：《公共管理学（第二版）》，北京：中国人民大学出版社，2017年，第31页。

② ［美］彼得·德鲁克：《管理的实践》，齐若兰译，北京：机械工业出版社，2006年。

③ 张远凤、梅继霞：《非营利组织管理理论、制度与实务（第二版）》，北京：北京大学出版社，2023年，第112—114页。

织还需要对外部环境进行全面分析，包括社会、经济、政治、技术和环境等方面，这有助于帮助社会组织理解未来可能面临的机遇和挑战，并为设定长期和短期目标提供参考。（3）确定长期目标。基于使命、愿景和外部环境分析，组织可以确定其长期目标，通常是未来三到五年甚至更长时间内所追求的最重要的成就，这些目标应与使命和愿景密切相关，是实现愿景的关键里程碑。（4）制定短期目标。长期目标的实现通常需要通过达成一系列短期目标来逐步实现，因此社会组织还需要制定一些可衡量的、具体的短期目标，通常在一到三年内实现，这些短期目标应该直接支持长期目标的实现。（5）使用 SMART 原则。确保所有设定的长期和短期目标符合 SMART 原则，即具体（specific）、可衡量（measurable）、可实现（achievable）、相关（relevant）和有时限（time-bound）。

综上所述，明确组织的长期目标和短期目标也是创立社会组织的重要前期准备环节。通过比较全面地考察和分析外部环境，设立比较具体可行的组织发展目标，社会组织可以更好地明确组织前进方向，开展相应的组织活动。

（二）策略规划

策略，指的是计策、谋略，是指为实现一定目标而制定的方案集合，在一定程度上等同于战略，也就是为实现社会组织目标所制定的一系列战略总和。社会组织目标确定后，为了更好地达成组织目标，就必须为此制定具体可行的策略，否则目标只是一种理想化的空想，而无法实际落地，那么组织目标的存在将毫无意义。因此，拟创立的社会组织必须在创立之前就着眼于组织目标并为其制定切实可行的战略，以明确自身存在的必要性及其未来发展走向。本书第四章详细介绍了战略管理的相关内容。

三、初始资源评估

社会组织并非人人都具备相应的创立条件，成功创立一个社会组织往往需要多种资源的支持，包括人力资源、财务资源、物质资源以及知识和信息资源等。因此，在创立社会组织之前，必须对启动该社会组织所需要的资源支持进行评估，以明确现有的资源环境是否能够支持创立该社会组织，这是创立社会组织的一个重要准备环节。启动一个社会组织必须拥有充足的资源支持，否则，社会组织难以落地并得到可持续发展。

以下是评估创立社会组织所需资源的一般步骤。

（一）确定所需人力资源

人力资源是组织的核心，决定了组织的竞争力和发展潜力，是组织中最重要的资产。组织的人力资源主要包括创始团队、员工、志愿者等。一个成功的社会组织往往需要一个能力较强、经验较为丰富的创始团队，以更好地领导和管理社会组织，同时还需要一定数量的员工和志愿者，以高效优质地完成组织目标。每一个组织所需要的人力资源数量是不一样的，需要根据实际情况具体分析。一般来说，公益性社会组织因其显著的公益慈善性，相较于非公益性社会组织，需要数量更多的志愿者，如红十字会、中国宋庆龄基金会等。

（二）确定所需财务资源

在经济学范畴，财务资源是指企业所拥有的资本以及企业在筹集和使用资本的过程中所形成的独有的不易被模仿的财务专用性资产。同样地，社会组织也拥有相应的财务资源。在企业发展中，我们常常强调资金链的重要性，资金链是一个企业的鲜血，社会组织亦然。因此在创立社会组织之前，必须确定好启动社会组织所需要的财务资源，包括启动资金和外部筹款等，从而更好地为启动社会组织提供财力支持保障。具体来说需要估算初始启动资金需求，包括注册成立费用、基础设施建设、采购设备和初期运营资金等，同时评估筹款渠道，包括捐赠、赞助、基金会资助、政府拨款等，以确保组织有稳定的财务支持。

（三）确定所需物质资源

物质资源主要指维持组织内部日常运转、为实现组织职能目标的各项物质要素，包括硬件设施以及软件设施。创立一个社会组织，往往需要比较充足的物质资源，而缺乏充足物质资源支持的组织难以启动，更难以发展。因此在启动社会组织前，必须评估该组织所需的硬件设施资源，包括办公场所、生产设备等，以及评估所需的信息技术支持，包括网络基础设施、软件系统等。

（四）确定所需的社会资源

创立一个社会组织，往往不是该社会组织的单打独斗，在愈发强调合作共享的当今时代，社会组织的良性启动，往往还需要一定的社会资源支持，包括其他社会组织、政府机构、商业机构以及社区居民等的支持。如致力于推动社区服务的社会组织，在生存和发展中，必须得到政府、社区以及社区居民等的支持，否则将难以在社区中立足，更别说可持续发展了。因此拟创立的社会组织必须确定组织发展中所需要的社会资源支持，从而评估目标社区中是否具备所需的社会资源支持，以实现组织的健康可持续发展。

通过对创立社会组织所需资源的评估，创始团队可以更好地规划和准备，确保组织在初始阶段和发展阶段有足够的资源支持，从而更好地实现组织的使命和愿景，最终实现组织的健康可持续发展。

第二节　法律程序与组织注册

一、了解相关法律法规

在我国，“依法治国”的理念贯穿政治、经济、文化等各个领域，其强调在国家治理和社会管理中，法律应当成为统治的基础，所有的组织和个人都应当受到法律的监督和约束。也就是强调不仅人要遵纪守法，对于社会组织来说，也必须遵守国家法律法规，依法开展活动，保障公民的合法权益，同时也要接受法律的监督和约束。因此在创立和管理社会组织的过程中，充分了解并遵守适用于社会组织的相关法律法规，包括登记管理、税收管理等法律规定，这对于社会组织的发展十分重要。遵循依法治国的理念，是确保社会组织合法合规运作，维护社会组织和公民权益的重要保障。社会组织的相关法律法规主要包括以下几部分。

（一）社会组织法律基础

我国社会组织的主要法律基础包括以下几部分。一是《中华人民共和国民法总则》。2017 年 3 月，《中华人民共和国民法总则》通过，并于 10 月 1 日施行，其对于法人制度做了重大调整，将非营利法人分为事业单位法人、社会团体法人以及捐助法人三种类型，包括事业单位、社会团体、基金会和社会服务机构四种组织实体。具体规定了社会团体法人和捐助法人资格的取得、社会团体法人和捐助法人的机构设置、捐助法人的权利和义务以及社团法人和捐助法人终止时剩余资产处置办法等内容。二是《中华人民共和国慈善法》。2016 年 3 月 16 日，第十二届全国人民代表大会第四次会议通过《中华人民共和国慈善法》，自 2016 年 9 月 1 日起施行，该法第一次从法律层面上明确了“慈善组织”的概念、范围以及慈善活动等内容，系统规范了慈善行为，对慈善事业发展具有重要意义。核心内容包括慈善组织的界定、范围与内容、应具备的条件、参与慈善活动应注意的原则、慈善财产的使用、慈善信托、慈善组织信息公开以及监督管理等。

除了上述法律外，还有一些法律法规对特定类型或者某种社会组织进行了规定。例如，1992 年颁布的《中华人民共和国工会法》对工会组织做了相关规定；1993 年颁布的《中华人民共和国红十字会法》对红十字会的职责、标志等做了相关规定①。

（二）社会组织法规

一般来说，社会组织宏观上具有三大法规，又称为“三大条例”，是规范与指导社会组织注册与管理的重要法规基础。《社会团体登记管理条例》于 1998 年 9 月 25 日经国务院第八次常务会议通过，并于 2016 年 2 月修订，修订后主要对社会团体的概念、管辖、成立登记、变更注销、监督管理、罚则等内容做了具体规定。《民办非企业单位登记管理暂行条例》于 1998 年 9 月 25 日经国务院第八次常务会议通过，自 1998 年 10 月 25 日起施行，是为了规范民办非企业单位（社会服务机构）的登记管理，保障民办非企业单位（社会服务机构）的合法权益，促进社会主义物质文明、精神文明建设而制定，主要内容包括民办非企业单位（社会服务机构）的概念界定、管辖、等级条件、监督管理以及罚则等。

---

① 郁建兴、王名：《社会组织管理》，北京：科学出版社，2019 年，第 34—40 页。

《基金会管理条例》于 2004 年 2 月 11 日经国务院第三十九次常务会议通过，自 2004 年 6 月 1 日起施行，是为规范基金会的组织和活动，维护基金会、捐赠人和受益人的合法权益，促进社会力量参与公益事业而制定的，主要内容包括基金会的概念、组织机构及其设立、财产使用、监督管理、法律责任等。

二、注册程序

社会组织的注册与登记也要遵循正式、规范的程序，目前我国民政部将社会组织分为社会团体、社会服务机构以及基金会三大类，因此本书在讲述社会组织的注册程序时，也将分别介绍这三大类社会组织的注册程序。

（一）社会团体

社会团体的设立主要依据的是《社会团体登记管理条例》（以下简称《条例》）[①]，其规定，成立社会团体，应当具备下列条件：（1）有 50 个以上的个人会员或者 30 个以上的单位会员；（2）个人会员、单位会员混合组成的，会员总数不得少于 50 个；（3）有规范的名称和相应的组织机构；（4）有固定的住所；（5）有与其业务活动相适应的专职工作人员；（6）有合法的资产和经费来源，全国性的社会团体有 10 万元以上活动资金，地方性的社会团体和跨行政区域的社会团体有 3 万元以上活动资金；（7）有独立承担民事责任的能力。除满足以上条件外，成立社会团体还要保证会员具有地域分布的广泛性，发起人应该在拟成立社会团体的活动领域、业务领域内具有社会认知的代表性，并应当成为该社会团体的会员。

申请成立社会团体，发起人应当向登记管理机关提交相应材料，《条例》第十四条规定应提交的材料有：登记申请书；业务主管单位的批准文件；验资报告、场所使用权证明；发起人和拟任负责人的基本情

① 中华人民共和国民政部：《社会团体登记管理条例》，1998 年 10 月 25 日发布，2016 年 2 月 6 日修订，https://xxgk.mca.gov.cn:8445/gdnps/pc/content.jsp?id=116048&mtype=1，2023 年 12 月 21 日访问。

况、身份证明；章程草案；会员、拟任法定代表人和负责人名单；发起人、拟任法定代表人和负责人的基本情况、身份证明。

成立社会团体，应该遵循一定的流程，2015 年 8 月 18 日，中央政府门户网站公布了《申请成立社会团体办事指南》，其规定“申请成立社会团体，应先经业务主管单位审查同意，再向登记管理机关提交申请”①。具体程序为：（1）经业务主管单位审查同意，发起人向登记管理机关提交成立申请材料；（2）登记管理机关审查批准后，向发起人出具办理社团成立登记的通知；（3）发起人在收到通知后 3 个月内，开展成立工作，召开成立大会，通过章程，产生执行机构、负责人和法定代表人；（4）发起人在成立工作完成后，在“中国社会组织网—社会组织网上办事大厅”上填报成立登记材料；（5）网上填报材料经登记管理机关审查通过后，发起人打印相应纸质材料，并经业务主管单位盖章后，向我部提交；（6）登记管理机关发给成立登记批复和社会团体法人登记证书；（7）社会团体成立后，在民政部民间组织服务中心申请刻制印章，在全国组织机构代码中心办理组织机构代码证书，在税务部门办理税务登记，在银行开立银行账户，办理完毕后报登记管理机关备案。

（二）社会服务机构（民办非企业单位）

社会服务机构即民办非企业单位，其登记管理依然遵循《民办非企业单位登记管理条例》，本书主要依据《民办非企业单位登记管理条例》（以下简称《条例》）介绍社会服务机构的注册程序。

《条例》第十一条规定，民办非企业单位成立必须具备的条件包括：（1）设立民办非企业单位，必须不以营利为目的。（2）有明确的社会服务范围。（3）有规范的名称、章程。（4）有与开展服务相适应的合法财产。（5）有与其业务活动相适应的组织机构、场所、工作人员。（6）有独立承担民事责任的能力。（7）法律、行政法规规定的其他条件。民办

---

① 中华人民共和国中央人民政府：《申请成立社会团体办事指南》，2017 年 1 月 3 日（新版本）发布，https://www.gov.cn/fuwu/2015-08/18/content_2914942.htm，2023 年 12 月 21 日访问。

非企业单位注册资金不得低于3万元人民币。在省级以下地方人民政府民政部门申请登记的，注册资金具体标准由省级人民政府制定。

申请成立民办非企业单位应当遵循一定的程序，《条例》第十二条规定，申请设立民办非企业单位，申请人应当向登记管理机关提交下列材料：申请书；章程草案；捐赠财产承诺书、验资证明；场所使用权证明；申请人、理事、监事、拟任负责人基本情况及身份证明。民办非企业单位登记前须经业务主管单位审查同意的，申请人还应当提交业务主管单位的批准文件。第十五条规定："登记管理机关应当自收到本条例第十二条全部有效申请材料之日起30日内作出准予或者不予登记的决定。情况复杂的，经上一级民政部门批准，可以适当延长，但延长的期限不得超过60日。准予登记的，核准章程，发给《民办非企业单位法人登记证书》。"

2017年1月3日，中央政府门户网站公布了《申请成立民办非企业单位办事指南》[①]，其规定办理基本流程为：(1) 成立民办非企业单位，举办者应根据拟举办的民办非企业单位所属行（事）业性质，向业务主管单位提出申请，经业务主管单位审查同意后，向登记管理机关提交全部有效的申请材料（材料内容详见第六条），并按照登记管理机关的要求进行验资；(2) 登记管理机关审查后准予登记的，举办者在网上完成成立登记的填报程序，经审查同意后，将填报内容打印并按相应要求签字盖章后提交给登记管理机关，之后发给成立登记批复和民办非企业单位法人登记证书；(3) 民办非企业单位登记后，应在民政部民间组织服务中心申请刻制印章，在全国组织机构代码中心办理组织机构代码证书，在税务部门办理税务登记，在银行开立银行账户，办理完毕后报登记管理机关备案。

① 中华人民共和国中央人民政府：《申请成立民办非企业单位办事指南》，2017年1月3日（新版）发布，https://www.gov.cn/fuwu/2015-08/18/content_2914968.htm，2023年12月21日访问。各级民政部门在具体执行中依旧使用"民办非企业单位"这一概念。

（三）基金会

基金会的设立主要依据的是《基金会管理条例》（以下简称《条例》）[①]。《条例》第八条规定，设立基金会，应当具备下列条件：（1）为特定的公益目的而设立；（2）全国性公募基金会的原始基金不低于800万元人民币，地方性公募基金会的原始基金不低于400万元人民币，非公募基金会的原始基金不低于200万元人民币；原始基金必须为到账货币资金；（3）有规范的名称、章程、组织机构以及与其开展活动相适应的专职工作人员；（4）有固定的住所；（5）能够独立承担民事责任。

申请成立基金会，应当遵循一定的程序。《条例》规定，申请设立基金会，申请人应当向登记管理机关提交下列文件：申请书；章程草案；验资证明和住所证明；理事名单、身份证明以及拟任理事长、副理事长、秘书长简历；业务主管单位同意设立的文件。2017年1月3日，中央政府门户网站公布了《申请成立基金会办事指南》[②]，其规定申请成立基金会的具体流程为：（1）经业务主管单位审查同意后，向登记管理机关提交全部有效的申请材料（材料内容详见第八条）；（2）登记管理机关审查后准予登记的，申请人在网上完成设立登记的填报程序，经审查同意后，将填报内容打印并按相应要求签字盖章后提交给登记管理机关，之后发给成立登记批复和基金会法人登记证书；（3）基金会登记后，应在民政部民间组织服务中心申请刻制印章，在全国组织机构代码中心办理组织机构代码证书，在税务部门办理税务登记，在银行开立银行账户，办理完毕后报登记管理机关备案。

综上所述，我国社会组织的注册程序因社会组织具体类型不同而略有细微差距。社会组织在设立之前，应厘清拟创立的社会组织的具体类型，以依据相应的登记管理条例开展注册登记工作。一般来说可以归纳

---

① 中华人民共和国民政部：《基金会管理条例》，2004年3月8日发布，2004年6月1日起施行。https://xxgk.mca.gov.cn:8445/gdnps/pc/content.jsp?id=116045&mtype=1，2023年12月21日访问。

② 中华人民共和国中央人民政府：《申请成立基金会办事指南》，2015年8月18日发布，https://www.gov.cn/fuwu/2015-08/18»/content_2914963.htm，2023年12月21日访问。

为以下几个步骤：提出筹备社会组织（如社会团体）申请、审批筹备申请、筹备、申请成立社会组织、登记、发证、文件存档、公告。

第三节 愿景、使命与组织文化的构建

社会组织在经历了比较充足的前期和中期准备工作后，还必须着眼于社会组织未来长期可持续发展，从组织的愿景与使命、组织文化的构建以及组织品牌建设与营销等方面出发，推动社会组织的高效运行与发展。社会组织创立者必须明确社会组织不是一经创立就稳固不变的，随着社会组织内外部环境的不断变化，社会组织也必须随之而不断发展与变革，尽可能抓住社会组织的发展机遇，并不断突破挑战。

一、制定愿景与使命陈述

愿景是对组织未来的理想状态的描述，它应该是具有挑战性、激励性和可视性的，同时应该能够激发员工的热情和动力，吸引利益相关者的支持，确保愿景与组织的核心价值观和长期目标相一致。使命是组织存在的目的和责任的陈述，它应该明确表达组织的核心业务和服务对象，使命陈述应该简明扼要、具有可行性，并能够激励员工为实现组织目标而努力。

社会组织在创立社会组织之前，必须制定组织愿景并陈述组织使命。制定愿景与使命陈述是一个有挑战性的过程，需要组织的领导层和利益相关者共同努力，在制定愿景与使命陈述时，必须注意以下几点：(1) 参与多方，确保组织内外的利益相关者参与到愿景与使命的制定过程中，而不能仅仅是组织创立者自身的想法，这有助于获得更广阔的视角和更广泛的共识，增强愿景与使命的可接受性和可持续性；(2) 具体简洁，愿景与使命陈述应该具有简明扼要的特点，能够清晰地传达社会组织的核心价值观和目标，避免使用过于宽泛或抽象的语言，而是着重于具体、有针对性的表述，有助于社会组织成员及目标受众把握社会组织的愿景与使命，并为之不断努力；(3) 与核心价值观一致，愿景与使命陈述应该与组织的核心价值观一致，确保愿景与使命陈述能够真实地反映组织的核心信念和价值观。

社会组织制定愿景与使命陈述的一般步骤：（1）愿景制定。首先，理解社会组织的核心价值观，即社会组织的基本信念和原则，它们代表着社会组织的核心特征和价值观念；其次，定义未来的理想状态，这个理想状态应该是具有挑战性、激励性和可视性的，能够激发员工的热情和动力；最后，描述愿景陈述，将理想状态以简明扼要的方式描述出来，形成愿景陈述，其能够激发人们的共鸣，并能够吸引利益相关者的支持。（2）使命制定。首先，确定组织的核心业务（组织为实现其愿景所从事的主要活动或服务），明确组织存在的目的和责任；其次，确定服务对象，明确组织为谁提供服务，可以是特定的社区、群体、行业或其他相关利益相关者；最后，描述使命陈述，将组织的目的、责任和核心业务以简明扼要的方式描述出来，形成使命陈述。本书管理策略篇第四章战略管理与领导力中将详细介绍组织如何明确愿景与使命。

二、组织文化的培养

社会组织在创立的过程中，还需要建立一种组织文化，以促进内部团队合作，并与外部利益相关者进行有效沟通。组织文化是指为实现组织目标所形成的为组织全体成员共同接受的价值观念、行为准则、思维方式等的总称，具有无形性、软约束性、相对稳定性、可塑性、独特性等特征，起目标导向、规范、凝聚、激励、调适等积极作用，但同时也可能产生阻碍组织变革、难以适应多元化时代等消极影响。

组织文化由浅入深分为表层、中层和深层三个层次结构。表层文化又称为物质层文化，包括组织产品、组织工作环境等；中层文化又称为制度层文化，包括组织内部各种规章制度等；深层文化又称为精神层文化，是组织文化的核心，包括组织使命、愿景等。杰弗里·桑南菲尔德按照组织文化的内在特征将组织文化分为学院型、俱乐部型、棒球队型和堡垒型四种。

社会组织文化是社会组织富有生命力和活力的基础，不同类型的组织文化会对员工行为和绩效产生不同的影响，缺乏良好社会组织文化指导的社会组织难以在社会中生存与发展，因此社会组织在创立前必须建设向善向好的社会组织文化。一般来说，组织文化与社会组织的创立者的价值观有紧密的联系，创立者往往是社会组织早期文化的推动者，因此，创立者首先必须立足于良好的创业动机，如改善环境、保护弱势群体等，而不应该是单纯的利己主义动机，否则在单纯的利己主义动机下创立的社会组织将难以得到社会组织内部成员及目标受众的支持，从而难以在社会中立足。同时还应当充分考虑组织成员和利益相关者的需求，以创建一种良好的组织沟通模式，加强社会组织内外部成员的互动与联系。良性健康的组织文化是初创的社会组织健康可持续发展的一个重要助推器，社会组织必须充分重视其软约束的重要性。

三、品牌建设与传播

社会组织在创立之后，在实际的运作与管理的过程中，还必须立足于社会组织的长远可持续发展目标，将社会组织品牌建设与传播作为一个社会组织的重点任务，开发社会组织的品牌战略，包括标识、口号和公关活动等，以提高社会组织的公众知名度和吸引力。否则，初创的社会组织的生命力和活力将很快殆尽，进入社会组织的死亡期。一般来说，社会组织的品牌建设与传播围绕以下几部分展开。

（一）品牌标识

品牌标识是社会组织的视觉代表，它可以通过形象、颜色和字体等元素传达社会组织的个性和价值观。一个好的品牌标识应该是独特的、易于识别的和与组织形象相符合的，在设计品牌标识时，要考虑目标受众的喜好和期望，以及与组织使命和核心价值观的一致性。如中国红十字会的标志采用白底红十字，由五个大小相等的红色正方形拼合组成，体现了医疗和救治的意思。

（二）口号

口号是一个简洁而有力的短语，用于概括和传达社会组织的核心信息和独特卖点。一个好的口号应该能够吸引公众的注意力，激发情感共鸣，并与品牌标识相呼应，应该简洁明了、易于记忆，并能够准确地传达组织的核心价值和使命，如中国红十字会的口号就围绕着爱心、捐赠等宗旨展开，从其口号中便能体悟到志愿精神的内涵，从而有利于中国红十字会在社会成员中广为流传。

（三）公关活动

公关活动是通过媒体和其他渠道来传播社会组织的信息和形象，包括新闻稿、媒体采访、发布活动和参与社区活动等，如定期发布高质量、有价值的内容，吸引并留住目标受众的注意力。通过积极参与公关活动，社会组织可以增加曝光度，扩大知名度，并与公众建立积极的关系。公关活动应该与社会组织的品牌战略相一致，传达组织的核心价值观和独特卖点。

（四）品牌故事

品牌故事是社会组织的历史、价值观和使命的叙述，社会组织通过各种媒体渠道（如社会组织网站、公众号、视频号等）讲述一个真实而有趣的引人入胜的故事来吸引公众的关注，引发共鸣，与目标受众建立情感连接，增强其对社会组织品牌的认知度和忠诚度。

（五）品牌一致性

在品牌建设和传播过程中，品牌一致性非常重要。这意味着社会组织在所有的沟通渠道和媒体平台上应当保持一致的品牌形象、声音和信息。无论是网站、社交媒体、广告、宣传材料还是公众演讲，都应该传达相同的品牌价值观和核心信息，以建立统一的品牌形象。

综上所述，社会组织品牌建设与传播是一个多方面的过程，在社会组织创立后对其后续发展方向会产生重要的影响，是社会组织良性运作与可持续发展的重要环节，缺乏良好的品牌建设与营销的社会组织，难以具备可持续发展的动力。本书在第七章中将详细介绍相关内容。

◎本章习题

1. 社会组织的创立需要做好哪些准备工作？

2. 中国社会组织分为哪几大类？其注册登记一般遵循哪些程序？

3. 社会组织的愿景、使命与文化之间有何关联？如何打造组织品牌？

管理策略篇

第四章　社会组织战略管理与领导力

第一节　战略管理的基本原理

一、战略管理的概念与重要性

（一）基本概念

“战略”（strategy）一词最早是军事方面的概念。在西方，“strategy”一词意为军事将领、地方行政长官。后来演变成军事术语，指军事将领指挥军队作战的谋略[①]。在中国，“战略”一词历史久远，“战”指战争，略指“谋略”。在现代，“战略”一词被引申至政治和经济领域，其含义演变为泛指统领性的、全局性的、左右胜败的谋略、方案和对策。

在管理学领域，战略有多种权威界定，因为不同的学者和理论流派对其有不同看法。彼得·德鲁克认为战略是“对未来的选择，以及如何做出这些选择的决策”；迈克尔·波特认为战略是“企业在外部竞争环境中选择的一种独特的定位，通过配置资源和设计其业务方式，以在特定产业中获得竞争优势”；亨利·明茨伯格认为战略是“一种模式，它使企业与其环境联系起来，以实现其目标”；阿尔弗雷德·钱德勒认为战略是“一个长期目标，一种基本的计划，并配备足够的资源以实现这个目标”[②]。概括来说，战略是在动态和复杂环境中，通过明确组织的目标和有效的资源配置，以获得可持续竞争优势的计划。

---

① ［美］玛丽·切尔哈特、沃尔夫冈·比勒菲尔德：《非营利组织管理》，那梅、付琳赟译，北京：社会科学文献出版社，2021年，第85页。

② Peter McKierman, Historical Evolution of Strategic Management, Dartmouth, Publishing Company, 1996.

关于战略的研究有几种较为典型的框架。美国学者安索夫在研究多元化经营企业的基础上，提出了战略“四要素”说，认为战略的构成要素应当包括产品与市场范围、增长向量、协同效果和竞争优势[①]。亨利·明茨伯格提出战略“5P”框架，即计划（plan）、计策（ploy）、模式（pattern）、定位（positioning）和观念（perspective）。迈克尔·波特则提出了三种通用的竞争战略，即成本领先战略、差异化战略和专注战略。

战略管理是组织内对长期目标和优先事项进行规划、执行和监控的过程。它关注的是如何通过有效地配置资源、制定决策，以及适应环境的变化，来实现组织的长期愿景和目标。战略管理通常包括以下几个关键要素：愿景和使命、环境分析、制定战略、执行战略、监控和评估。一般认为，战略管理的本质即通过在不确定的环境中做出明智的选择，使组织能够持续取得成功。

（二）理论基础

战略管理理论的发展经历了多个阶段，首先在企业管理领域提出。20 世纪初，管理理论主要关注组织的结构和运作，对战略的关注相对较少。20 世纪 50 年代，随着企业规模的扩大，学者们开始关注组织的效率和经验积累，提出了经验主义的理论，例如对组织的简化和标准化，以提高效率。20 世纪 60 年代，学者们逐渐开始认识到，经验主义不能完全解释企业的成功，企业开始制定长期计划以引导其发展，在此背景下，阿尔弗雷德·钱德勒 1962 年在《战略与结构：工业企业史的考证》一书中提出了战略管理的概念，将其定义为“在达成组织长期目标的过程中配置有限资源的决策与行动”[②]，并强调了组织结构与战略之间的关系。基于此，20 世纪 70 年代在战略构造问题上形成了两个相近的学派：设计学派和计划学派。设计学派主张高层经理应充当设计师，通过分析企业的优势、劣势和外部环境，创造性地构造简单而非正

① 徐二明、王智慧：《企业战略管理理论的发展与流派》，载《首都经济贸易大学学报》1999 年第 1 期。

② 汪涛、万健坚：《西方战略管理理论的发展历程、演进规律及未来趋势》，载《外国经济与管理》2002 年第 3 期。

式的战略模式，强调灵活性和明确的指导原则；计划学派则认为战略构造应是一个有控制、有意识的正式计划过程，通过目标、项目和预算的分解，制定详细的计划，以实施既定的战略计划。据此，可将 20 世纪六七十年代看作企业战略管理研究的萌芽期。

迈克尔·波特（Michael Porter）被认为是在 20 世纪 80 年代将战略管理推向高潮的关键人物。波特在他的经典之作《竞争战略》（*Competitive Strategy*）中深入研究了行业结构、竞争优势和战略选择，为战略管理领域提供了系统的框架。他的工作对后来的战略管理理论和实践产生了深远的影响。竞争战略成为 20 世纪 80 年代战略管理领域的主导理论。

20 世纪 90 年代到目前为止，可看作战略管理的研究转折期。战略管理围绕企业竞争优势展开，提出了基于资源、基于能力、基于知识等崭新观点，并对战略联盟进行了深入的研究。近年来，随着数字化和全球化的深入发展，战略管理逐渐关注生态系统和平台经济，企业需要更加灵活地参与多元化的合作和竞争关系，组织生态学和网络组织理论随之引用到战略管理的研究当中。

（三）战略管理的重要性

战略管理在社会组织中扮演着至关重要的角色，对组织的成功和可持续发展产生深远的影响。但在具体实践中，战略管理在社会组织和企业组织中的作用稍有区别。

在使命与愿景方面，战略管理通过深入研究和分析，帮助社会组织明确定义其目标，制定符合使命的愿景。其目标导向不同于企业组织以盈利为目的，而是聚焦于社会价值的创造①，因此社会组织的战略管理并不围绕实现财务目标和市场份额的增长展开，而更加强调如何最有效地实现组织的社会使命和服务。

在资源优化方面，战略管理可以帮助组织确定资源的最佳配置。社会组织通常资源相对有限，因此极为注重对有限社会资源的整合，如志

① 钱颜文、孙林岩、梁莉：《非营利性组织战略管理形成及其概念模型》，载《科研管理》2005 年第 5 期。

愿者、合作伙伴关系以及政府支持等。战略管理需要有效地协调和利用这些非经济资源以实现社会影响的最大化，确保它们最大程度地用于推动组织目标的实现。

在风险管控方面，战略管理能有效帮助社会组织在制定战略计划时识别和评估来自组织内外部的风险。通过使用战略管理的各种风险评估和管理工具，社会组织能更好监测内外部环境，了解自身的优势、劣势、机会和威胁。此外，战略管理强调灵活性和适应性，使组织能够在面临不确定性和变化时及时做出调整。

最后，在实现负责任的管理上，战略管理有助于建立负责任的管理体系。社会组织必须对其受益者、捐赠者和社会公众负责，以获得社会各界的支持和信任，战略管理帮助组织在实现其目标的同时遵循道德和法规，更好地履行社会责任，为社会变革做出积极贡献。

二、社会组织战略管理过程

战略管理系统通常可以分为三个主要阶段：战略规划、战略实施、战略评价。这三个阶段通常是循环的，组织在实践中不断学习和调整战略，以适应动态的外部环境和内部变化。

（一）战略规划阶段

战略规划是一种系统性的管理过程，旨在明确组织的愿景、使命和目标，并设计实现这些目标的长期战略方案。在社会组织战略管理中，组织在战略规划这一阶段进行全面的情境分析，制定长期目标，并制定实现这些目标的战略计划，包括明确愿景和使命、对内外环境的评估分析、设定目标计划和作出战略选择。通过制定明确的战略，社会组织能够更好地应对社会需求、合理配置资源、提高绩效，并在动态的环境中实现长期可持续的发展。

制定有效的战略规划首先要明确愿景和使命。愿景是对社会组织未来期望达到的理想状态的描述，而使命则是该组织存在的核心目的和责任。明确愿景和使命有助于为后续决策提供方向，确保组织的活动与其核心价值相一致。一般情况下，社会组织在明确愿景和使命时通常需考虑以下问题：

（1）组织所期望达到的理想状态是什么？

（2）组织希望通过自身努力实现何种积极的社会影响？

（3）组织存在的核心目的是什么？为哪些群体或社区提供服务？

（4）组织所秉持的核心价值观是什么？这些价值观将如何指导组织成员的行为和决策？

（5）组织希望如何发展和壮大？

（6）哪些利益相关方对组织至关重要？该如何满足其需求？

这些问题有助于确保社会组织的愿景和使命清晰、具体，并与其价值观和服务对象相一致；同时也为组织提供了动力基础，有助于在战略规划和执行中激发组织成员的信念和热情。

其次是社会组织的战略分析，分析内容包括组织内部环境和外部环境分析。在内部环境中，社会组织可对自身所持有资源、管理与组织能力、组织的结构和政策等方面进行分析，以便优化组织运营，提高竞争力。指标参数设计包括但不限于组织目标有效性、岗位匹配度、业务流程执行效率、成员对组织价值观的认同度、个人及团队绩效、奖惩机制、决策质量和透明度、组织人员稳定性等要素①。组织的外部环境分析也称趋势分析，指对组织所处的外部环境进行系统性研究和评估，目的是帮助组织了解外部环境的动态变化，把握机遇应对挑战。社会组织的外部分析通常涵盖以下方面：

（1）宏观环境分析：包含政治、经济、社会文化和技术因素等；

（2）产业环境分析：潜在合作伙伴、竞争者、替代组织等；

（3）社会、政治和法律环境分析：影响组织活动的法律法规、所处地区的政治环境对组织的影响、组织在社会上的责任和形象等；

（4）市场环境分析：对组织服务的需求和市场趋势、组织服务的目标人群及其需求等；

（5）技术环境分析：当前和未来技术对组织的影响、组织信息管理和通信技术的使用等；

（6）经济因素分析：组织的资金来源和可用性、可能的赞助商和捐

---

① 古小华、吴乐珍、黄波：《非营利组织管理（修订版）》，北京：中国经济出版社，2020年，第101—107页。

赠者等。

战略分析中常用的方法主要有两个：PESTEL 分析法和 SWOT 分析法。前者适用于外部宏观环境分析，对政治（political）、经济（economic）、社会（social）、技术（technological）、环境（environmental）、法律（legal）六方面对社会组织所处的宏观环境进行分析。后者适用于综合性的内外部条件分析，对组织的优势（strengths）、劣势（weaknesses）、机会（opportunities）、威胁（threats）进行评估，且能与其他分析工具结合起来使用。

再次是设定目标计划。在这一步骤中，社会组织会根据对环境的分析，设定具体、可衡量、可实现的目标。这些目标可以涵盖多个方面，包括财务、社会影响、成员满意度等。目标的设定应当符合组织的愿景和使命，行动计划则应阐明为达到目标所采取的具体步骤和方法，并制定多种可能的方案以供选择。

最后作出战略选择。战略选择包括以下环节：信息输入、匹配、决策①。在这一步骤中，社会组织将根据之前的分析和目标设定，制定战略选择。先将一阶段收集到的宏观和微观信息进行整理归纳，再根据所输入信息将社会组织的外部威胁与机会同内部优势和劣势进行匹配，最后重新审视战略目的，评估组织运行情景，从而在综合评估的基础上对备选战略做出合适的选择。

案例 4-1：美国公共图书馆协会②

成立于 1944 年的美国公共图书馆协会，是美国图书馆协会下属部门之一，其核心使命是巩固公共图书馆在社区中的地位，其未来愿景是让借阅证成为每个人钱包里最有价值的卡片。美国公共图书馆协会的重要工作之一是制定协会战略规划。该协会于 2002 年开始着手制定长远的战略规划，并于 2005 年 6 月在美国图书馆协会年会上得到批准。美国公共图书馆协会的战略规划分为四个阶段，即 10—30 年未来愿景、

① 古小华、吴乐珍、黄波：《非营利组织管理（修订版）》，北京：中国经济出版社，2020 年，第 101—107 页。

② 于迎娣、胡海燕：《美国公共图书馆协会战略计划的启示》，载《图书馆学研究》2010 年第 7 期。

5—10 年关键因素、3—5 年战略计划和 1—2 年行动计划。其中，10—30 年未来愿景中强调指导思想；5—10 年关键因素中强调未来愿景实现涉及的关键因素，包括发展的设想、发展中的大量问题；3—5 年战略计划涉及具体的战略规划，包括目标策略和团体策略；1—2 年行动计划则是具体的工作流程。

【思考题】

结合案例，讨论战略规划对一个社会组织的价值。

（二）战略实施阶段

战略实施是将制定好的战略计划转化为具体行动的过程。一般来说，战略实施通常经由六项因素使战略真正进入组织的日常活动中，成为制度化的工作内容，这六项因素分别是领导者的素质和价值观、组织结构调整、组织文化、资源分配、信息沟通、控制和激励制度。而基于社会组织的公益性特点，社会组织战略实施通常更侧重解决以下问题：获取多样化收入来源、建立合作关系网络以实现资源共享和优化分配、确保提供服务的高效性和覆盖面以满足社会需求、提供专业性建议以参与或影响政策制定，以及在持续的公众参与中维护良好公众关系。

在社会组织中，人员的能力和稳定性对实现目标愿景具有最重要的影响。相较于企业，社会组织有一项特殊的人员构成——志愿者。多数社会组织使用的志愿者数量远多于正式员工，这在节省成本的同时也导致了一些管理问题，如志愿者能力良莠不齐，难以长久服务于某个组织。因此社会组织的战略实施必须有针对人员管理的具体方案，可采取的策略有：以明确的组织愿景使命和领导者的个人素质教化成员，激发成员的责任感和归属感；为成员提供培训和发展机会，提升专业技能和领导力；保持组织内外的有效沟通，及时公开信息以建立信任和减少不确定性；提供灵活的工作安排，提高成员对组织工作的满意度；公开表彰成员的成就与贡献，建立积极的工作氛围。

另一个战略实施的重要问题在于如何建立合作关系网络。单个社会组织往往因其资源的有限性独木难支，要顺利开展活动并维持自身持续发展，最好的方法就是寻求合作伙伴，建立社会组织的合作关系网，合作对象包括其他社会组织、企业、政府机构、新闻媒体等，这不仅有助于获取更多资源，进行合理分配，也为组织提供了更多的收入渠道。具体来说，如2020年以前，在我国扶贫领域，政府领导下多方力量共同参与建立了一个庞大的扶贫合作网络：中央和地方政府在扶贫工作中发挥着主导作用，提供政策支持、基础设施建设和协调资源；中国扶贫基金会、中国扶贫开发协会等NGO在项目实施、资金募集和社区动员等方面发挥关键作用；大型企业、民营企业和社会企业提供资金、技术支持和就业机会，以促进贫困地区的可持续发展；大量的志愿者团体在扶贫活动中发挥积极作用，包括开展义诊、教育支持、技能培训等。在这一合作关系网中，社会组织通过整合资源和协同行动，实现了更大规模和更高效的行动，整合了多方资源的同时也树立起自身形象，提升了组织影响力。

（三）战略评价阶段

一旦战略实施，就需要进行评估以了解战略是否达到了预期的效果。战略评价是对组织战略执行效果的系统性分析和评估过程，旨在检查战略实施的成效，确定是否达到预期的目标，并提供反馈以指导未来战略调整。通过综合性的评估，社会组织可以识别成功的方面并改进未达标的领域，以不断提高组织绩效和适应性。这一阶段强调学习和改进，为社会组织提供了机会，通过经验总结和反思，不断完善战略执行，以更好地满足组织的使命和服务社会的需求。

战略评估按照进行时间前后可分为事前评估、事中（过程）评估和事后评估。事前评估侧重背景分析、目标设定、资源评估和风险评估；事中评估注重战略执行过程中的执行监控，确保活动按计划进行，同时设置有效的反馈渠道，以便及时获取有关战略实施的信息，识别问题并进行调整，并制定合适的绩效指标，衡量战略实施的进展；事后评估即战略执行完成后对全过程进行的系统性评估，也就是对战略从制定到实施过程的完整复盘，吸取经验教训并加以修正。

按照评价主体则分为内部（自我）评估和外部评估。社会组织的内部评估侧重于自身运作和管理体系，包括成员能力、组织结构、内部流程和绩效。这种评估通过内部审查和自我评价，帮助组织识别问题、改进运营。而外部评估关注社会组织在外部环境中的角色和影响，包括与利益相关者的关系、社会影响力、合规性等。这种评估通常由独立的第三方进行，包括政府监管机构、捐助者、社会大众等。外部评估有助于确保组织的透明度、负责任行为，同时提升其在社会中的认可度和信任度。综合而言，内外评估协同作用，为社会组织的发展和绩效提供全面的指导和改进方向。

战略评价主要分为审视战略基础、绩效评估和指标调整三个步骤。首先审视战略执行过程中的内外部环境变化，确认此前界定的组织内部优劣势是否准确，以及面对的机会和挑战发生了哪些变化；继而对组织在实施战略过程中的绩效进行评估，包括财务绩效、运营绩效、市场绩效等方面，检查战略目标的完成情况，评估目标是否达到、超过或未达到预期；最后根据评估的结果，决定是否有必要进行变革，包括调整战略指标和战略计划，以适应新的情境和需求。

第二节　领导力理论与实践

一、领导的概念

领导是领导科学中的基本范畴，也是一个复杂的概念。意大利政治家马基雅维利在其《君主论》中较早研究了领导理论，他指出领袖是“权力的行使者，是能用技巧和手段达到自身目标的人”。近代以来，不同学者对这一概念有不同的定义。管理学鼻祖彼得·德鲁克认为领导是“将组织转变为机会和成就的动力”的过程，强调领导者将组织使命转化为具体行动的作用；哈罗德·孔茨认为领导是“影响人们使之跟着去完成某一共同目标的行为”；贝尼斯将领导定义为“塑造愿景，并通过将愿景传达给其他人，使之成为现实的过程”；斯蒂芬·罗宾斯认为领导是“影响他人实现目标的能力和过程”。美国学者斯道戈尔和巴纳德在他们编辑的《领导手册》中，总结了西方领导学各种学派的观点，归纳出十一种不同的定义①。巴纳德认为，领导意味着群体过程的中心；

① 梁仲明：《领导学通论：理论与实践》，北京：北京大学出版社，2007 年，第 6 页。

领导意味着人格及其影响；领导意味着劝导服从的艺术；领导意味着影响力的运用；领导意味着一种行动或行为；领导意味着一种说服的形式；领导意味着一种权力关系；领导意味着一种互动中逐渐形成的效果；领导意味着一种分化出来的角色；领导意味着结构的创始；领导意味着一种实现目标的手段。

综合上述表述，可以将领导看作领导者影响一个组织实现其目标的过程。该过程由领导者、被领导者和组织环境三者的相互作用而决定，用公式表示：

领导＝f（领导者×被领导者×环境）①

可以看出，领导的本质是一种影响他人朝着共同目标努力的能力。领导是一个综合统一体，由领导者、被领导者以及领导环境组成，它们相互结合、相互作用，共同参与实现既定目标的活动过程。

二、领导理论概述

20世纪以来，西方国家领导理论的发展经历了多个阶段，涉及不同的思想流派和学术观点。大致可将西方国家领导理论分为领导特质理论、领导行为理论、领导权变理论和其他新兴领导理论四个阶段。

领导特质理论研究的是“什么样的人适合做领导者”。早期领导特质理论假设领导者的特质是与生俱来的，缺乏某些特质就不能成为领导者。特质理论强调卓越领导者具备独特的个人特质，如自信、决断力、智慧、勇气、政治和社交技能等。吉赛利的个性研究提出了八种个性特征和五种激励特征，并就个性特征对领导绩效影响力的重要程度进行排序。后期的领导特质理论则认为领导者特质可以在个体所具有的先天品质的基础上通过训练和培训加以塑造。美国学者斯托克蒂尔认为一个人拥有一些品质特点不是必然能成为一名领导者，其个性特征必须包含于追随者的特性、活动和目标相关的一些关系。一些学者认为领导特质理论研究在因果关系方面存在不足，即：究竟是因为具备某些特质而使个

① 赵国祥、杨巍峰：《管理心理学》，开封：河南大学出版社，1995年。

体成为领导者，还是领导者由于工作的成功而形成了某些特质?[①] 对此领导特质理论的研究无法给出明确的结论。总体上看，可以认为领导特质理论强调了具备某些特质能够提高成为优秀领导者的可能性，但不必然确保成功。

在领导特质理论之后，一些研究者把重点放在具体行为之上，希望得到“什么样的领导行为更有效”，于是领导行为理论应运而生。领导行为理论的假设是，领导者的成功依赖于后天培养和锻炼出的领导行为和领导风格。较为有名的领导行为理论包括：（1）赫茨伯格·勒温于1939年提出的“领导风格理论”，将领导风格划分成“专制型领导”“民主型领导”和“放任型领导”三种。（2）二战后美国俄亥俄州立大学研究员提出的“四分图理论”，从“创立结构”和“关怀体谅”两个维度入手，提出低结构高关怀式领导、高结构低关怀式领导、低结构低关怀式领导和高结构高关怀式领导四种不同领导行为风格。（3）美国管理学家布莱克和莫特顿提出的管理方格理论，通过关注任务和关注人际关系这两个关键维度，将其按程度大小在横纵坐标上各自九等分，从而形成81种领导方式的管理方格，其中有五种最为典型。

60年代后产生的领导权变理论认为领导行为是一种动态的过程，有效性随着被领导者的特点和环境的变化而异。没有一种领导理论普遍适用所有的情景和人群，因此，领导行为必须考虑环境因素、人员的动机和态度。代表性理论如：（1）费德勒提出的权变模型，也称费德勒权变理论，认为普遍适用于各种情景的领导模式并不存在，其有效性完全取决于领导方式与所处的环境是否适应。即有效的群体绩效取决于下属相互作用、领导风格、情景以及下属状况对领导者的影响程度等。费德勒还创造了 LPC（Least Preferred Coworker）问卷表，通过让领导者对与其难以相处的同事进行评分，测定领导者的动因系统。（2）豪斯的途径-目标理论，认为最富有成效的领导方式是领导者采取种种步骤去设计一种能明显地激励组织成员的环境。领导者的工作是帮助下属达到他们的目标，特别是成就与报酬目标。领导者的激励作用在于，下属需

① 赵国祥：《领导理论研究的现状与展望》，载《河南大学学报（社会科学版）》2009年第3期。

求满足的程度取决于其绩效，而领导者能够提供到达绩效所必需的辅导、指导、支持和奖励。（3）戴维德·高尔德的领导-成员交换（LMX）理论，主张在组织中领导者与其成员之间存在不同质量的交换关系，即领导者与一部分成员之间的关系（称为内圈成员）更密切、互动更频繁，而与其他成员（称为外圈成员）之间的关系则较为疏远。（4）赫西和布兰查德的情境领导理论，认为依据下属的成熟度（工作成熟度和心理成熟度）选择正确的领导风格会取得领导的成功，这也是一种重视下属的权变理论。

20 世纪 80 年代，全球步入了一个崭新的转型和变革时期。面对环境日益复杂化、知识型员工数量不断增加以及伴随而来的民主化潮流高涨，变革和创新逐渐成为管理领域的核心议题。西方领导理论也开始向多元化方向发展，出现了变革领导理论、魅力型领导理论、服务型领导理论等新理论。

三、领导风格与效果

社会组织的领导者同企业管理者追求利润和政府管理者维护法律和社会秩序的目标不同，他们往往致力于服务社会公共事务。然而，他们并不拥有政府权威，无法通过税收等强制手段获取资金[①]。社会组织领导者不仅需要协调组织内部的运作，还需要面对外部资源争夺的挑战。因此在没有强制性权威的情况下，领导者通常需要扮演多重角色以完成组织目标和使命。

海姆维斯和赫尔曼在 1989 年的研究中将非营利组织的管理者角色分为四种：（1）创造者角色。即领导者关注组织的发展和变革，在组织中注重发展新项目、寻找新资源和管理方式的创新。（2）规划者角色。这一风格的领导者在组织中执行规划、组织、领导和控制等经典管理职能，注重高效的资源利用和任务完成。（3）服务提供者角色。该类型领导者重视服务项目的提供，致力于寻找和获取组织所需的资源以高效提供服务。（4）人力资源发展者角色。这一风格的领导者强调组织内成员

① 黄群慧、张蒽：《企业、政府与非营利组织的管理比较研究》，北京：中国社会科学出版社，2014 年。

的个人发展，重视成员的学习培训和激励，擅长通过组织文化和愿景等激发成员热情和工作积极性，增强组织责任感。

过去，领导风格的主流理论聚焦于变革型领导，然而，步入 21 世纪以来，新兴的领导风格，如真诚型领导、务实型领导、分布式领导等逐渐引起学者的关注，多种领导风格的组合应用与变化也为领导研究带来新的理论视角。

在我国学者刘颖的研究中，就社会组织中道德型、任务型、魅力型和关系型四种领导风格对组织成员的行为动机影响做了定量分析。他得出的结论是：道德型领导、任务型领导、魅力型领导对下级工作主动性行为有显著的正向影响；四种领导风格都对下级的公共服务动机有显著的正向影响[①]。此外还有学者就魅力型领导对同一个基金会的不同发展阶段的影响展开研究，得出的结论是：社会组织初创阶段对魅力型领导的依赖性较强，而在转型发展阶段则需考虑环境因素变化选择是否转变领导风格，如果组织面临的不确定性因素较多，大概率还会持续依赖魅力型领导[②]。

针对上述研究结论，现实中有很多社会组织实例可供佐证，这些案例都展示出了卡里斯玛型领导对社会组织在创立和成长过程中的重要作用，以及如何为社会组织提供精神力量和价值航标。

案例 4-2：黑嘴鸥保护协会的“保护使者”[③]

黑嘴鸥保护协会是一家在中国环保界声名卓著的社会组织。1991 年创立以来，经过 30 年的不停前行，黑嘴鸥保护协会由一个默默无名的草根组织，成长为在中国环保界赫赫有名的“中国环保 NGO 第一家”，并在黑嘴鸥的保护和繁殖方面取得了巨大成就，创下了保护世界级濒危物种的惊人纪录和经典案例。

---

① 刘颖、魏娜、周东歌：《社会组织志愿者领导风格对下属行为和动机的影响研究》，载《中共中央党校（国家行政学院）学报》2019 年第 23 卷第 2 期。

② 张文娟、张圣：《创始人魅力型领导：中国民间非营利组织发展中的一个重要现象——以 A 组织为例》，载《中国非营利评论》2022 年第 30 卷第 2 期。

③ 崔月琴：《行动 · 拓展 · 创新：社会组织案例集》，北京：中国社会科学出版社，2021 年。

对于黑嘴鸥保护协会的成功和所取得的成就，创始人刘德天功不可没，他被称为“黑嘴鸥的保护神、忠诚卫士和保护使者”。1990年，作为《盘锦日报》记者，他写下的一篇报道引发了世界范围内的关注，也使得他与黑嘴鸥结下了不解之缘。当时的社会风气非常令人担忧：湿地垦殖持续扩大，三角洲农业大开发此起彼伏，围海养殖蚕食鲸吞，拾蛋打鸟司空见惯。黑嘴鸥的栖息地面临着重重潜在威胁。如果不采取行动保护，终有一天黑嘴鸥将会从盘锦永久消失。保护黑嘴鸥仅仅凭借个人的力量难以持续，而且已经超出记者的宣传范畴，需要通过实际行动展开实践。于是刘德天打算成立一个协会，变一个人保护为一批人保护。他利用自己的社会关系网络，找到了很多社会上有能量和影响力的人加入黑嘴鸥保护协会，既有当地政府官员，也有国家部委前负责人。1991年4月，成立协会后的刘德天有了双重身份：既是报社的记者，又是协会的秘书长。他两头兼顾，既没有耽误报社的新闻记者工作，也没有影响协会工作的开展，他利用双休日、节假日和新闻工作的弹性工作制做环保工作。

1996年，双台河口自然保护区传出消息说该保护区内的8万余亩芦苇荡马上要被开发成稻田。黑嘴鸥保护的关键就是栖息地保护，而栖息地保护主要是湿地保护，湿地保护的关键则是寸土寸金的芦苇荡、滩涂的保护。刘德天收到消息后，第一时间带领着四五家媒体记者，早早地埋伏在芦苇荡里准备对这一破坏环境的行为进行现场曝光。挖掘机开进芦苇地后，等待已久的记者们迅速拍照与访谈。随着现场报道的曝光，原来的开发计划从8万亩缩减到5万亩，至少有3万亩湿地得以幸存和保留。“一个大男人，为了保护黑嘴鸥，我哭过、委屈过，有的环保故事我讲一回就流泪，听的人也流泪，怎么说都是痛苦。但我从来没有后悔过，在未来我也绝不会退缩。既然选择了，我就要坚持下去，这是一份对社会、对人类、对未来的责任感。”刘德天如是说。

2010年，退休后的刘德天更是兴奋不已，“很多人退休了有失落感，我在退休的时候呢，哎呀，乐得不得了，我可以全身心做这个事了，对我来说是好事。”全身心投入到协会的工作中后，他开始重新设计协会的发展之路，认为协会是时候走向全国了，团队建设也逐渐提到他的议事日程。正是有这样一位黑嘴鸥“保护使者”30年如一日般地坚守在保护黑嘴鸥的第一线，才使得黑嘴鸥协会的活动目标持续对焦，也使得黑嘴鸥协会始终坚持自己的环保策略不动摇，成为中国环保史上物种保护的典范。现在黑嘴鸥保护协会拥有三名全职工作人员，数名兼职人员，拥有自己的网站和办公室，有会员3万余人。

【思考题】

请结合所学过的领导理论谈谈你对黑嘴鸥保护协会成功发展背后的思考。

总之，社会组织中存在多种风格的领导者，领导者常会在面对不同的项目、活动或组织阶段时选择不同领导风格或者同时兼顾多种风格的角色以便取得最大管理效果。如紧急的救援项目可能需要高效的规划者领导的果断指导，而参与社区治理过程中，在服务提供型领导的引导下社会组织往往更能融入社区并实现组织自身发展。

第三节　激励与团队建设

一、激励理论与应用

（一）理论基础

在组织管理中离不开对组织成员的激励。学界普遍认为主要的激励理论可分为三大类，分别是内容型激励理论、过程型激励理论和行为修正型激励理论。

1. 内容型激励理论

内容型激励理论是指关注员工内在需求和动机，试图找出激励原因和起到激励作用的因素的管理理论。最广为人知的当属马斯洛的需求层次理论。该理论将人类需求划分为生理需求、安全需求、社交需求、尊重需求和自我实现需求。马斯洛认为，人类的需求如何按照层次结构组织，并且在满足一个层次的需求之后，个体才会追求更高层次的需求。社会组织中，生理需求的满足通常涉及提供良好的工作条件、合理的薪酬和其他基本福利。成员可能更加关注组织对他们基本生活水平的支持，以便能够专注于履行组织的社会使命。在此基础上，成员也会逐渐考虑在社会组织中的稳定职业发展、与利益相关者的积极互动、对自身工作和贡献的认可、掌握决策自主权和自我价值的实现等方面。除此之外，麦克利兰的成就动机理论（成就需求、权力需求、从属需求）是在马斯洛的需求层次理论的基础上进一步发展的，前面章节关于动机理论的部分已有提及，此处不再赘述。

ERG 理论是生存、相互关系、成长三核心需要理论的简称，是对马斯洛的需要层次论加以修正而形成的一种激励理论。与马斯洛需求层次论不同的是，ERG 理论主张需要并存原则和需要降级原则：前一原则认为某种需要得到满足后，可能去追求更高层次的需要，也可能没有这种上升趋势；后一原则认为，当较高级需要受到挫折时，可能会降而求其次。此外 ERG 理论还认为，某种需要在得到基本满足后，其强烈程度不仅不会减弱，还可能会增强。

赫茨伯格的双因素理论（二因素理论）提出，将工作因素分为保健因素（如工资、工作条件、公司政策等）和激励因素（如成就感、认可、工作本身的兴趣）。他认为，当保健因素存在时，员工仍可能会感到不满；但当激励因素存在时，员工会感到满足和激励。这两组因素是相对独立的，改善保健因素并不能真正激发员工的工作动机，因此，提高员工工作满意度和激励的关键在于同时关注并改善这两类因素。

2．过程型激励理论

过程型激励理论是研究从人的动机产生到最终采取行动的心理过程的理论。典型代表之一的弗洛姆期望理论（又称“效价-手段-期望理论”）认为，人们采取某种行为方式是因为他们相信这种方式会带来他们期望的结果，并且这个结果对他们而言是有价值的。期望理论阐明了个人目标以及努力与工作绩效、绩效与奖励、奖励与个人目标满足之间的关系。用公式可以表述为：激励力（工作动力）＝期望值（工作信心）×效价（工作态度）。此外还有亚当斯的公平理论，这一理论主张个体对于工作场景中的公平和正义有着强烈的感知和关注，这种感知最终会影响他们的工作满意度、动机和绩效。亚当斯的公平理论包含以下几个主要概念：平等公正、需求公正、产出-投入比较、公平的结果。过程型激励理论的主要任务是找出对行为起决定作用的某些关键因素，弄清它们之间的相互关系，以预测和控制人的行为。

3. 行为修正型激励理论

行为修正型激励理论的核心概念是通过对个体的行为进行直接的、即时的强化或惩罚，来促使其形成或抑制某种特定的行为模式。该类理论主要基于行为主义心理学的原理，强调通过操纵外部刺激以影响个体的行为，其中以斯金纳的强化理论最为著名。这一理论包括正强化、负强化和惩罚等概念。正强化发生在给予积极奖励以增加某种行为的情境下，而负强化发生在通过消除或减轻不愉快刺激来增加某种行为的情境下。惩罚则是为了减少某种行为而施加的不愉快刺激。此外，强化的方式对于行为的塑造至关重要，连续强化是每次目标行为发生时都提供强化，而部分强化则只在某些条件下提供强化。此外，海德的归因理论侧重关注人们在解释他人行为时所采用的心理过程。该理论认为，人们往往通过对事件的因果关系进行归因来理解和解释他人的行为。归因是指人们试图找到行为原因的过程。该理论提出了两种主要的归因方式：一种是内在归因，即将某人的行为归因于其个人特征、性格或动机；二是外在归因，指将某人的行为归因于外部因素，如环境、任务要求或其他外在条件。海德伯恩归因理论对于理解人们是如何解释和理解他人行为的过程，以及这一过程如何影响他们的态度和行为具有重要的意义。

表 4-1　部分代表性理论对管理实践的启示

理论名称	基本内容	对管理实践的启示
需要层次论	人的需求按照层次从低到高划分为生理需求、安全需求、社交需求、尊重需求和自我实现需求五种，在满足一个层次的需求之后，个体才会追求更高层次的需求	1. 正确认识员工需求的多层次性 2. 要努力将本组织的管理手段、管理条件同被管理者的各层次需求联系起来 3. 在科学分析的基础上，找出受时代、环境及个人条件差异影响的优势需求，进而有针对性地进行激励
双因素论	工作因素分为保健因素和激励因素，保健因素存在时，员工仍可能会感到不满，满足激励因素员工才会感到满足和激励	1. 善于区分管理实践中存在的两类因素，对于保健因素要给予基本的满足，以消除下级的不满 2. 要抓住激励因素，进行有针对性的激励 3. 正确识别与挑选激励因素

续表

理论名称	基本内容	对管理实践的启示
期望理论	人们对工作积极性的高低，取决于他对这种工作能满足其需要的程度及实现可能性大小的评价。激励水平取决于期望值与效价的乘积，其公式是：激发力量＝效价×期望值	1. 选择员工感兴趣、评价高，即认为效价大的项目或手段 2. 确定目标的标准不宜过高 3. 只从管理者的意志或兴趣出发推行激励措施对员工而言很难起到激励作用
公平理论	人的工作积极性不仅受其所得的绝对报酬的影响，更重要的是受其相对报酬的影响。付出与报酬的比较方式包括横比和纵比两种	1. 管理中要高度重视相对报酬问题 2. 尽可能实现相对报酬的公平性 3. 当出现不公平现象时，要做好工作，积极引导，防止负面作用发生

上述理论各具特点，在社会组织的激励实践中，通常会采用多种理论和方法的结合，以更全面地满足组织成员的需求，激发其工作热情。

（二）实际应用

社会组织由于其非营利性特点导致难以获得高收益，在一定程度上限制了组织员工的收入水平；同时，由于我国社会组织的起步和发展时间较短，组织体系建设尚不完善，无法满足员工关于社会保障、劳动者权益的需求；加之郭美美事件、学术造假等不良事件的影响，导致社会组织的公信力、影响力降低，员工缺乏职业认同度、价值感。激励理论在社会组织中的应用对于解决员工价值感和参与热情具有重要的意义。通过了解员工的需求、期望和动机，帮助社会组织提高员工的工作动力。在激励理论的指导下，社会组织可以更有效地提供发展机会和奖励措施，以留住和吸引高素质的人才。这对于组织的长期发展至关重要。

在实际的激励理论应用中，有社会组织根据 ERG 理论制定激励措施，致力于满足员工对于生存、关系、成长三个方面的需求①。一是坚

① 田广昊：《基于 ERG 理论的我国非营利组织员工激励的优化探究》，载《国际公关》2023 年第 15 期。

守员工生存需要底线需求。组织通过确定不同岗位和工作等级的基本薪资，制定阶梯式工资标准，确保员工享有多样化的物质回报；根据员工的工作量和工作表现制定完善的绩效奖金制度，来激励员工通过达成更高数量和质量的工作来获得更高额度的奖金，同时对部分工作环境较为恶劣的社会组织员工设置额外补贴。二是充分满足员工关系需求。在招募员工时，充分了解其基本信息和专业技能，以便准确将其安排到合适的岗位上，从事其擅长且向往的工作；充分挖掘员工的潜在能力，使其不仅能更乐于完成自身工作，确保工作效率，还能使员工获得进一步的技能提升；与员工多进行有效的开放式的沟通对话，促使员工放下芥蒂，提高沟通效率，领导者主动关心员工工作情况，聆听员工在对话过程中体现出的诉求。三是全力支持员工成长需求。针对不同岗位制定不同的绩效考核内容、标准；通过定期的研讨会来协助组织完善组织战略的制定，同时鼓励员工提出具有创新性的建议，帮助组织进一步更新传统的运行模式，使组织保持发展活力；邀请专家学者、政府工作人员定期开展思想教育培训，讲授公共服务的重大意义、非营利组织对公共服务的重要影响等内容，使员工增强对组织的认同感；树立先进榜样、设立光荣榜来激励员工树立强烈的奉献意愿；针对组织内的不同岗位类型，开展多样化的课程培训来满足不同岗位的具体需求。

案例 4-3：某中小型养老机构的员工激励问题①

C 组织是集医疗、养老、休闲、康复等为一体的综合型养老服务机构，该组织由人民政府投资建设，是具有一定社会福利性质的养老服务机构。通过对 C 组织调研发现，其员工学历层次较低，本科学历员工少，主导力量在 20—40 岁之间，110 位成员中只有 19 名属于专业工作者，其余 91 位都是非专业社工。在薪酬体系上，C 组织属于基础、直观的激励。对于该组织员工的工资类别为：基础工资、补贴、奖金、福利。员工肯定 C 组织的基础工资和工龄年限工资，但是在奖励性绩效以及福利方面，员工反映问题较多，不完善的绩效考评和福利措施使员

① 陈文东：《非营利组织员工激励机制研究——以 C 组织为例》，载《赤峰学院学报（自然科学版）》2022 年第 38 卷第 8 期。

工积极性低，难免产生惰性心理。在培训体系上，C组织的内部培训主要为员工入职前培训。培训内容以关注国家养老机构的政策为主，但培训制度相对单一，缺乏对于员工服务标准的培训。在员工保障制度上，C组织也没有根据员工年龄差异需求进行不同群体细分。

目前在该组织实际工作中主要面临以下问题：一是员工工作消极怠慢，服务老人热情性不高，经常出现偷懒、忽视老人需求等情况；二是专业性医护人员短缺，员工大多只能负责老人基本起居的照料，涉及专业性医疗护理则不能满足要求，难以获得老人信任；三是员工不愿参与组织目标的设定，组织目标完全由战略决策层的管理者制定，下层员工对于组织归属感较弱。

【思考题】

1. 结合激励理论分析，你认为C组织出现上述问题的原因是什么。

2. 结合某一种激励理论，谈谈C组织在建立有效激励机制上可以如何改善。

二、团队建设与协作

社会组织的团队建设与协作对于组织的长期可持续发展至关重要。良好的团队建设和协作能够提高组织绩效、促进创新、增强团队凝聚力、提升员工满意度，也有助于加强外界联系，增强组织适应性，以应对更大的变革与挑战。

具体来说，社会组织内部的团队建设主要从以下两方面考虑：一是团队成员。团队成员是团队建设的核心，如何凝聚团队成员，利用好成员的能力，促使其朝着组织目标团结一致，最大程度地发挥效用，是团队建设的关键问题。这涉及对员工的选聘、培训、激励等。二是团队建设的环境，包括制度环境、文化环境、工作环境、沟通环境等。适当的奖励和认可制度有助于鼓励团队成员为实现组织目标而努力工作；契合组织目标的文化环境有助于团队成员在潜移默化中接受并认可组织目标，发自内心地为实现目标努力工作；营造弹性工作环境，为员工提供弹性工作时间有助于提高工作满意度和生活质量；开放、鼓励反馈的沟通环境让团队成员能够提供对工作和团队协作的有效意见，有助于发现问题并及时做出调整。

针对社会组织间的团队协作，则可以通过以下方式实现。首先，与其他社会组织建立稳固的合作伙伴关系，追求共同的目标和利益。可以通过寻找共同感兴趣的项目或活动，签署正式的合作协议或共同项目来合作实施，以联合项目促进更深层次的协作，增强组织间关系。其次，制定共同的工作流程。确保组织间有一致的工作流程和标准，以降低合作的障碍，减少团队协作的信息差距。再次，在有可能的情况下，与其他组织共享资源，包括人力资源、物质资源和信息资源，有助于提高效率、减少浪费，实现互利共赢。此外，还可以开展组织间经验交流分享会，定期分享和表彰优秀团队实践经验，互相学习、共同进步。最后，定期对合作关系进行评估，确保其仍然有效，并根据组织发展需要进行调整。

案例 4-4：西部阳光基金会①

北京市西部阳光农村发展基金会（简称“西部阳光基金会”）是 2006 年 5 月在北京市民政局登记成立的民间基金会，主要致力于改善西部农村教育及社区发展，以多元形式支持和帮助教师、学生及农村弱势人群，为他们提供自我改变的机会，使乡村进入自主、良性、全面的发展。

西部阳光基金会经过十多年的探索发展，已成长为行业领军基金会，在教育领域作出了自己的贡献。组织发展形成了自身特色，并得到社会各方的鼎力相助：在资金方面，既获得国内外各类企业和基金会的扶持，也将众多爱心人士的心意聚沙成塔；在实际工作领域和技术支持方面，得到了教育部相关部门、关注农村教育的各方专家、基层教育主管部门及一线校长、教师、基层干部的倾心支持。目前已形成一套行之有效的整合各种资源、解决针对性问题的工作机制。

① 崔月琴：《行动·拓展·创新：社会组织案例集》，北京：中国社会科学出版社，2021 年。

一个优秀的组织往往有一个优秀的团队，西部阳光基金会也不例外。接触过西部阳光基金会行动团队的人，大都能感到他们身上那种质朴、专业、认真、执着，而又具有理想主义情怀的气质。这样的团队兼具专业性、战斗力和凝聚力，是有机生长模式能够完成的重要保障。为什么西部阳光基金会能锻造这样的团队呢？

第一，选好人。从来源上讲，机构的员工虽然来自四面八方，却有个共同的特点——都是西部阳光基金会曾经的志愿者。员工是曾经的志愿者，但是志愿者却并不一定能成为员工，必须经过很多历练，被机构精挑细选并长期培养之后才慢慢吸收进来。相关负责人说："我们的主体工作是在基层工作为主。有没有志愿者的精神，有没有发自内心地想做一件事儿，是不是不仅仅将这里工作当作一个职业，这对我们来说很重要。"

第二，历练人。从培养来讲，基金会建立学习型团队，让员工在实践中得到综合训练。团队对员工的专业性和工作成效有较高要求，促使其非常努力地学习。对于团队成员尤其是年轻人的历练是综合性的，大部分人都在基层，为了推动项目，团队成员经常要对接县委书记、校长，在学校里对接学生家长，到社区里接触各类人群。这是具有挑战性的任务，也能很快地锻炼团队成员的综合素质。有这样难得的机会历练，员工很快成长起来，很清晰地看到自己的进步，进而获得巨大的成就感，内心得到深度激励。

第三，凝聚人。除了选好人、历练人之外，西部阳光基金会还十分重视凝聚人，主要体现在两个方面：一是营造团队成员互相支持、互相激励的团队文化，让大家形成具有共同理想信念和奋斗目标的共同体；二是关心员工福利，在力所能及的范围尽量提升员工福祉。"福利包括我们的午餐、年终的体检、学习的费用，这些都是给年轻人提供的。没结婚的，可以提供宿舍。年轻人有很多适合他们需要的这种支持，虽然不表现在工资上，但是它实际起到的作用也很大。"西部阳光基金会秘书长如是说。

【思考题】

1. 西部阳光基金会的团队建设与协作是如何做的？

2. 你认为西部阳光基金会的团队建设对组织发展起到了何种作用？

◎本章习题

1. 什么是社会组织战略管理？
2. 社会组织战略管理的过程分为哪些阶段？各自要考虑哪些问题？
3. 不同的领导力对社会组织有何作用？
4. 社会组织如何在团队建设中活用激励理论？

第五章　社会组织财务管理

第一节　社会组织财务管理概述

一、财务管理的含义与特征

（一）财务管理的含义

财务管理是指组织的资金筹集、管理、分配和使用等活动。[①] 在现代组织管理中，财务管理扮演着至关重要的角色。缺乏有效的财务控制，企业可能面临资金短缺，甚至破产。社会组织同样需要资金支持和有效的资金运营管理来维持正常运转。

社会组织的财务管理涵盖了其运作中的全部资金管理事务，包括资金来源管理（筹资管理）、资金支出管理（日常资金、项目资金、投资管理）以及与资金管理相关的内部控制、审计监督等事务。其目的在于有效地管理资金流动，确保资源得到合理运用，保障社会组织的财务健康和可持续运作。总体而言，社会组织的财务管理是一个综合性的系统工程，需要综合考虑资金的筹集、运用、内部控制、审计监督等多个方面，以实现组织的长期可持续发展和社会价值的最大化。

（二）财务管理的特征

一般来说，不同性质的组织中的财务管理普遍具有一些共同的特征，如强调决策长远化、以资金为焦点、以价值管理为导向以及全面综合反映管理结果等。财务管理要求对各项管理工作的过程和结果进行全

---

① 谢晓霞：《民间非营利组织财务管理》，成都：西南财经大学出版社，2019 年，第 4 页。

方位、全面性的综合反映，这意味着除了关注财务报表外，还需要考虑到战略目标的实现、风险管理的效果等多个层面。

涉及社会组织的财务管理，由于社会组织在进行各项业务活动时，其自身收入受到限制，需要依赖国家财政或其他组织的支持。因此，社会组织的财务管理又具有与企业财务管理显著不同的特点。

（1）资金来源的多样性和无偿性。社会组织的资金主要来源于财政拨款、捐赠、非营利性服务收入，且多是无偿的[①]。企业通常主要依赖销售产品或提供服务来获取资金，直接从产品消费者或服务顾客处获得。相比之下，社会组织的资金来源呈现出更为多元化和独有的特征，组织的主要经济支柱来自社会捐赠和公共部门的补助支持。另外还有一小部分资金来自向顾客销售产品或提供服务，比如通过销售纪念品等形式筹措资源。随着社会企业的兴起，社会组织的资金来源正逐渐呈现出更多元化的趋势，尽管如此，项目资金收入、政府购买服务以及来自日常捐赠的资金仍然占据这些组织资金渠道的主导地位。

（2）以预算为核心。社会组织通常在每个财政年度初，根据事业发展计划和工作任务制定年度预算，并有时需要将预算提交相关部门审批。一旦预算确定，它就成为各项财务活动的关键指南和基石，各项支出基本按照预算执行。因此，预算在社会组织的财务管理中扮演着核心和主导的角色。要提升社会组织财务工作的质量，必须切实加强对预算的有效管理。相对而言，企业也会有预算，但管理相对较为灵活，不像社会组织那样严格遵循。

（3）财务能力受限多。与企业和政府相比，社会组织更容易面临资金短缺的挑战。企业追求利润，可通过产品销售和服务提供源源不断的收入，为运营提供资金支持；政府作为行政机构，通过税收手段获得持续的财政收入。而社会组织不以盈利为目标，也没有行政权力，主要依赖政府拨款、捐赠以及有限的业务收入，其财务能力相对受到较大的限制。

（4）资金使用的限制性。出资者提供的资金一般被称作基金。这些

① 黄群慧、张蒽：《企业、政府与非营利组织的管理比较研究》，北京：中国社会科学出版社，2014年，第208页。

基金具有限制性，必须按照出资者的意愿完成特定任务，实现社会效益。出资者并不期望获得投资回报和本金返还，但要求基金按法律法规或出资者的愿望用于指定用途。因此，社会组织在财务管理上着力于基金管理，要求清晰反映各基金按预算计划的实际使用情况。这种要求基金不得随意挪作他用的限制性一定程度上体现了出资者的权益。

（5）以社会服务为价值导向。社会组织的财务管理的首要目标是服务社会，而不是盈利。所以，在进行财务决策时，优先考虑的是如何最好地实现社会使命，满足出资者和公众的期望。财务资源的使用和分配着眼于社会效益的最大化。资金不仅仅是为了维持组织运转，更是为了创造对社会有益的项目和服务。财务决策要在保持组织财务健康的同时，最大限度地实现社会价值。

二、财务管理的目标与内容

（一）财务管理的目标

一个组织的财务管理目标是根据其自身的使命和目标而定的。萨拉蒙认为，社会组织的目标在于为公众奉献，为社会公益服务，而非以盈利为目的[①]。这种组织在一定范围内追求社会使命的完成。因此，社会组织的财务管理目标可以概括为获取并有效使用资金，最大限度地实现组织的社会使命。在实践中，这意味着根据国家政策，遵循资金运动的规律，利用各种形式的价值和货币，对组织的各项经济活动进行全面管理。具体来说，社会组织财务管理的目标主要包括以下方面。

（1）健全社会组织内部财务管理制度。关键在于建立科学的财务体系，包括明确的预算制定、资金流动的透明追踪、财务报告的准确编制以及有效的内部审计机制。通过完整的财务管理体系，社会组织能够更好地实现经济目标、提供公共服务，确保资源的有效利用，以履行社会责任。

（2）合法筹集资金，保障组织需求。社会组织应当积极开展多样化

① 古小华、吴乐珍、黄波：《非营利组织管理（修订版）》，北京：中国经济出版社，2020年，第123页。

的资金筹措活动，确保资金的充足。这不仅包括获取国家财政补助，还需在合规的前提下，通过募捐、举办慈善活动等多种途径获取资金。此外，在资金管理上，确保筹集到的资金按照计划用于各项活动，防范资金的流失和滥用。对于资金的筹措，要有明确的计划，确保数量上的充足，注重计划性和协调性，保证按期按量筹措资金，以满足组织各方面的需求。

(3) 加强财务收支管理，提高资金使用效率。为了提升效率，社会组织需要精细管理收支，合理规划支出，以确保各项资金得到有效利用。在社会组织中，对于收入的管理主要涉及项目、范围、标准和收益分配等方面。支出管理方面，则涉及支出项目、范围、标准等多个方面。通过全面的管理，社会组织能够在各个方面取得更好的效果，确保组织持续、稳健地运作。

(4) 加大财务透明度以提升其公信力。这不仅能让社会捐赠者更加信任社会组织，提高捐赠意愿，还能吸引更多的捐赠者和志愿者加入组织。在我国，一些社会组织目前对财务信息持较为保守的态度，将其视为机密，不愿公之于众，但这种观念是有问题的。在未来的竞争中，组织的社会公信力将是社会组织发展的至关重要的因素。

(二) 财务管理的内容

社会组织财务管理涉及多方面的内容。本书根据财务管理的原则与方法，按照重要性对财务管理的内容进行以下几个方面的介绍。

一是预算管理。预算管理是社会组织根据事业发展计划和年度财务计划，对计划年度内的财务活动进行预测和规划的过程。它反映了计划年度内各项事业发展计划和工作任务在财务收支上的具体表现，是民间社会组织财务活动的基本依据。预算管理不仅是民间社会组织财务管理的起点，更是确保各项事业计划能够得以财务支持的关键过程，具有重要的战略和操作意义。因此下一节将重点讲述预算管理的内容。

二是日常资金管理。科学合理的日常资金管理有助于保障货币资金的安全，预防贪污、盗窃和侵吞，遏制因挪用和滥用货币资金引起的短缺和损失。此外，良好的资金管理可以确保社会组织拥有足够的货币资金，通过合理调配资金，提高组织的资金使用效率，为其长期可持续发展提供有力支持。由于日常资金相对自由，组织可以自行决定如何使用，没有具体的用途要求或限制，因此这类资金也叫作非限制性资金。

三是项目资金管理。在开展业务活动时，社会组织通常通过项目进行资金的运作。在项目资金管理中，组织需要建立清晰的财务制度，确保每一笔项目资金都能追踪到具体的用途。这包括对于项目、活动或特定领域的详细预算规划和核算，以及报告机制，向出资者和公众公布有关限制性资金的使用情况。由于项目资金只能用于特定项目，不得随意转移或挪作他用，因此又称为限制性资金。

四是筹资管理。筹资管理是指社会组织根据经营和业务需求，通过有效的筹资渠道和方式，合法地获取所需的资金的财务活动。在市场经济条件下，一个成功的社会组织需要制定全面而合理的筹资策略，以确保对其各项经济活动提供可持续的资源支持。本书将在实际运作篇中通过具体的公益组织详细阐述社会组织的筹款策略与方法。

五是财务分析。社会组织的财务分析是通过对会计报表和相关资料采用专业的技术和方法进行研究，评估一定时期内的财务状况、财务收支和效益等。这种分析关注组织的财务状况、资产、负债、所有者权益变动，反映了组织的筹资能力、发展能力以及项目运营和管理的效率。

六是财务绩效评估。社会组织的财务绩效评估旨在量化组织的投入与产出，以评估其财务健康状况、效率和管理绩效。财务绩效涉及对组织的收入、支出、资产、负债等方面进行详细的核算和比较。此外，也包括计算和分析一系列的财务比率，如偿债能力、运营效率等，为组织提供全面的财务报表。

七是财务监督。社会组织的财务监督通过特定监督主体对其财务活动、经济关系的合法性、合理性和资源利用的有效性进行监察和督促。通过有效的监督，有助于确保组织资产的安全和完整。

案例 5-1：壹基金的财务管理①

壹基金通过制定财务管理目标和管理制度，致力于规范财务管理，

① 百度文库：《壹基金财务管理分析报告》，https://wenku.baidu.com/view/c1cde27d580216fc700afd96.html?_wkts_=1701534085488，2023 年 12 月 7 日访问。

提高资金使用效率和规范性。根据捐赠法和基金会管理条例，壹基金的管理制度于2012年试行，之后根据评估结果进行修订。其公益愿景为“尽我所能，人人公益”，战略模式为“一个平台十三个领域”，专注于灾害救助、儿童关怀和公益人才培养。壹基金的捐款方式多样化，包括电话捐款、银行汇款、爱心卡、网上捐赠、拉卡拉终端捐赠、银联易办事终端捐赠和手机支付。

在灾害救助方面，壹基金迅速响应重大灾害，向灾区提供救援，减少灾害带来的冲击；儿童关怀方面，关注处于困境中的儿童，改善他们在教育、卫生和营养方面的条件，创造健康成长环境；在公益人才培养方面，支持公益行业研究和培养人才，为公益行业的发展提供更多管理人才。

此外，壹基金聘用了不同专业背景的全职工作人员，构建了高效率的执行团队，包括拥有跨国工作经验以及500强公司工作经验的资深管理人士，并邀请知名专家学者组成顾问委员会。财务审计由全球四大会计师事务所之一的德勤华永会计师事务所有限公司（Deloitte）和毕马威国际会计师公司（KPMG）进行，凯誉管理咨询提供财务报告。战略规划由国际咨询机构贝恩公司提供指导，全球领先的广告公关公司提供传播规划服务。

【思考题】

结合案例，谈谈壹基金在财务管理上哪些地方值得学习借鉴。

三、社会组织的会计制度

社会组织的会计制度是一套为规范和监督财务活动而设立的体系。我国社会组织的会计制度可分为三个层次[①]。首先，法律法规层面包括《会计法》《慈善法》等，为社会组织的财务活动提供法律依据。其次，由民政部负责制定的行政规章，如《社会团体登记管理条例》《基金会管理条例》等，提供了行政层面的规范。最后，狭义上的社会组织会计

① 于国旺：《我国社会组织会计制度及修订完善探讨》，载《财会月刊》2017年第25期。

制度，即《民间非营利组织会计制度》（财会〔2004〕7号），明确规定了社会组织应遵循的会计原则和编制财务报告的具体方法。这三个层次相互关联，共同构成了完整的社会组织会计体系。本书主要围绕第三层面的《民间非营利组织会计制度》，对社会组织应遵循的会计核算原则和财务报告编制标准进行简单讨论。

会计核算是财务管理的基础，是非营利组织不可缺少的管理工具①。通过专业的核算方法和程序对捐赠和项目资金予以准确记录，确保符合法规和会计准则。具体涉及对各项支出和收入的分类和跟踪，以提供对组织财务状况的全面了解。我国社会组织的会计制度涵盖一系列内容，其中包括权责发生制、持续经营性假设、货币计量、会计实体、会计期间、会计要素、会计成本等。这些内容旨在确保财务报告的真实、公允、全面，为组织提供有效的财务信息。权责发生制强调交易发生时应当确认相应的收入或费用，以弥补收付实现制的不足，这有助于更好地管理资产负债，进行成本费用核算，并提高组织运营的绩效；持续经营性假设则表达了组织将继续经营下去的信心；货币计量原则要求财务信息以货币为计量尺度；社会组织的会计要素与企业不同，只包括资产、负债、净资产、收入和费用五类。其他制度要求则在不同层面上规范了会计核算的方方面面。《民间非营利组织会计制度》的总则第8条明确了民间非营利组织会计核算的基本原则。这些原则包括可靠性、相关性、可理解性、可比性、实质重于形式、重要性、谨慎性和及时性。在当前的描述中，更多地采用“会计信息质量要求”这一专业术语阐释会计信息应当具备的主要特性。

财务报告，又称财务报表，是记录特定日期财务状况和一定会计期间内业务活动、现金流量等情况的书面报告。作为会计核算的最终产物，财务报告是社会组织向外界传递会计信息的主要形式和信息媒介。社会组织财务报告编制标准包括以下几个要点：（1）真实反映信息。财务报告应真实、完整地反映组织的财务状况、业务活动和现金流量等关键信息。（2）满足不同需求。所提供的信息应满足各种会计信息使用者

① 张远凤、梅继霞：《非营利组织管理：理论、制度与实务（第二版）》，北京：北京大学出版社，2023年，第219页。

（如捐赠人、会员、监管者等）的需求，以确保报告的广泛适用性。（3）持续经营为基础。编制原则应以持续经营为基础，确保组织未来能够正常运营，并维持会计政策的前后一致性。（4）关注时效性。强调报表披露时间的及时性，以确保信息具有最新性，反映组织最近的状况。（5）计量货币要求。严格遵循计量货币要求，保证财务报告数据的稳定性和可比性。（6）资产负债表后事项区分。区别资产负债表日后事项，使报表更准确地反映组织当时的状况。（7）规范化格式。注意报表格式的规范化，使其更易理解、比较，提高报告的可读性和可解释性。

社会组织的财务报告中一般包含会计报表、会计报表附注和财务情况说明书，会计报表又分为资产负债表、业务活动情况表和现金流量表等①。这类报表为企业、政府和社会组织提供了重要的财务信息。通过对这些财务报表的分析，组织可以进行财务分析，常用的方法有比率分析法、比较分析法和结构分析法。

第二节　社会组织预算管理

一、预算管理的概念与程序

（一）预算管理的概念

预算是社会组织中的一项关键管理工具，它是在行政事业发展计划和任务的基础上，对未来一定时期内的收入和支出进行计划的过程。在我国，社会组织的预算通常是单位年度的财务收支计划，也被称为财务预算。这一计划通过法定程序批准，主要用于各部门的费用控制，确保资源的合理分配和利用。

预算管理不仅仅是对财务计划的制订，更是对实际执行情况的全面掌控和调整。它需要理财主体或委托的管理人运用科学的理论和方法，进行计划、组织、控制、分析和评价等一系列活动。常用的预算方法有

① 黄群慧、张蒽：《企业、政府与非营利组织的管理比较研究》，北京：中国社会科学出版社，2014年，第242—246页。

递增运算法、项目预算法、零基预算法、弹性预算法等。社会组织较常使用项目预算法进行预算管理。

（二）预算管理的程序

社会组织的预算管理涵盖了预算的各个方面，包括编制、审批、执行、调整和监督等。简单来说可分成下述四个环节。

一是预算编制。预算编制是整个预算管理的起始点。社会组织的预算编制体系主要分为日常业务预算、专项业务预算和其他业务预算。这一体系的核心思路在于，通过从收入和支出两个角度入手，确保预算的全面性和精准性。在制定这些预算时，需要全面考虑各种收入来源和支出项目，确保每个细节都得到合理的预算安排。

二是预算执行。预算执行是将预算转化为实际行动的阶段。在这一环节，组织需要明确责任人，确保各项预算得到切实执行。这可能涉及与项目负责人、部门主管等相关人员的沟通与协调。通过建立有效的执行体系，社会组织可以更好地实现各项计划和目标。

三是预算考核。为了确保预算的实际执行情况符合计划，预算考核不可或缺。此环节涉及对预算执行过程进行监测和评估。通过设立明确的考核指标和评估体系，社会组织能够及时发现问题，对执行情况进行调整和改进。

四是预算调整。预算调整是一个灵活的环节，其目的在于根据实际情况对预算进行适度的调整，可以包括对于收入和支出的修正，以及对于项目计划的灵活应变。通过建立预算调整体系，社会组织可以更好地应对外部环境的变化，确保预算的实时适应性。

以社会组织的年度预算为例说明预算编制。为了更好地履行其社会责任，社会组织需要制定有效的年度预算，确保有足够的资金支持其各项使命和项目。具体来说，社会组织的年度预算涵盖收入预测和支出规划两个关键方面。

社会组织的收入预测是年度预算的首要任务。它不仅关系到组织是否能够正常运转，还涉及项目实施的可行性和规模。为了做到精准的收入预测，社会组织需要细致考量以下问题：首先，社会组织需要通过历史数据的分析来了解其过去几年的经济状况。这涉及对各种收入来源的仔细审视，包括捐赠、赞助、政府资助等。通过查看这些数据，组织可以更好地理解每个来源的波动和贡献度。其次，与捐赠者和合作伙伴的沟通是不可或缺的一环。组织需要了解捐赠者的慷慨度、可用资金的状况，以及合作伙伴在未来一年中愿意支持的项目和金额。这需要建立透明的沟通机制，以便随时了解外部支持的变化。再次，组织要考虑社会和经济趋势，通过对宏观经济环境的分析，组织可以预测通货膨胀率、失业率等因素对其捐赠收入的影响；关注社会上的慈善热点可能带动、激发更多人参与公益事业当中。最后，社会组织需要考虑收入多元化。鼓励个人和机构通过不同的方式捐赠，如线上捐款、定期捐赠等，组织可以分散其收入来源，减轻某个来源波动对整体财务的冲击。

一旦收入预测完成，社会组织就可以转向支出规划。支出规划涉及项目和活动的成本估算、人力资源成本，以及一系列行政和运营费用。首先在项目和活动成本估算方面，组织需要仔细考虑每个计划项目的需求，包括人工、材料、设备等多方面的成本。对于长期项目，还需要考虑其后续的维护和运营费用。其次，人力资源成本也是支出规划的重要组成部分，包括员工薪资、培训和发展费用等。确定员工的薪资水平时，需要考虑市场标准、员工贡献度和福利政策等多个方面。最后，行政和运营费用也是支出规划的一大块，包括办公室租金、水电费、设备维护、运输和差旅费用等。对上述支出费用的科学规划，有助于组织更好地掌握自身运营成本，将每一笔资金花在刀刃上。

二、社会组织的预算考核体系

（一）预算考核的原则和方式

预算考核是组织预算管理中的重要环节。通过科学合理的原则，可以全面、客观地评估组织的预算执行过程，为预算编制的调整提供重要参考。以下是预算考核的基本原则。

（1）考核与激励机制相挂钩原则。预算考核可以与绩效激励机制相互配合，以预算完成情况作为预算执行者绩效评估的标准之一，并辅以相应的奖惩机制，如薪酬激励、晋升机会、培训资源等，以激发员工充分发挥预算效用的动力。

（2）透明性与一致性相结合原则。预算考核的过程应当具有透明性，组织内的成员需要清晰了解考核的标准和流程；此外考核的标准和方法应当与预算编制的原则和方法相一致。

（3）稳定性与动态性相统一原则。预算目标是衡量预算完成情况的基准，一般确立后不得随意变动。但在具体考核过程中应当考虑组织面临的环境因素，如政策环境的变化、重大事项的发生等，将其纳入预算考核的影响因素中，以实现客观公正的考核。

预算考核的方式分为日常考核和年终考核。在日常考核阶段，社会组织采取每月度预算的考核形式，旨在通过频繁的信息反馈机制，及时掌握和评估预算执行的偏差情况。通过日常考核，组织可以及时发现和纠正执行过程中的问题，确保预算的最终实现不偏离既定目标。这种方式强调对执行过程的持续监控，以保持财务活动的稳定性和可控性。

与日常考核相对应，年终考核采取每年度预算的考核形式，其目的是对整个年度的预算执行情况进行综合评估，并作为奖罚的依据。年终考核的结果不仅用于对相关部门和责任人的奖惩，同时也为下一年度预算的制定提供经验教训。

（二）预算考核的内容与程序

预算考核的内容包括以下要点：（1）预算编制的合理性。预算编制是否符合实际需要，未来的预算有无调整必要。（2）预算目标达成情况。关注社会组织在特定时期内是否实现了预算目标。（3）执行偏差分析。关注预算执行过程中的实际偏差，包括收入和支出的偏差。（4）资源利用效率。考核组织对资源的实际使用效率，包括人力资源、物质资源等，可通过比较实际使用和预算分配来实现。（5）财务报告的准确性。对财务报表的准确性进行审查，确保报表反映实际的财务状况，以及与法规和会计准则的一致性。

预算考核的具体工作由预算委员会办公室在组织层面牵头，协调财务等部门的配合。具体的考核程序包括：（1）数据分析。各部门提供的分析报告和财务管理部门的账面数据被用作考核的依据。通过分析这些数据，评价各个责任中心预算的实际执行情况，寻找执行差距，并深入查明差异的原因。（2）数据审查。预算委员会办公室负责对各部门的预算执行情况进行全面考核。这涉及对数据的深入审查，确保考核的客观性和准确性。（3）结果报告与审批。预算委员会办公室将考核的结果报告提交给预算委员会。在这一步，预算委员会对考核结果进行审批，确保考核过程的透明和合规。（4）结果通知。预算委员会办公室在获得预算委员会的批准后，将考核的批准结果通知各相关部门。这确保了执行结果得到了组织层面的认可和支持。

（三）预算考核体系构建要素

参照西南财经大学谢晓霞教授对预算考核体系的描述，社会组织构建一个全面而有效的预算考核体系所需要素包括以下方面：建立预算考核机构、制定预算考核制度、确定预算考核目标、制订预算奖惩方案、预算考核的组织实施①。

（1）建立预算考核机构：设立专门的预算考核机构，如预算委员会办公室。组成人员可包括财务部门、预算管理部门、人力资源部门等职能人员。该机构负责协调、组织和实施整个预算考核过程，做到分级考核，确保考核的独立与客观。

（2）制定预算考核制度：包括明确考核的原则、流程、责任主体等方面的规定，确保社会组织预算考核制度化、规范化。

（3）明确预算考核目标：预算考核旨在确认预算执行是否合理，是否较好完成所设定的预算目标。在设立预算考核时，应做到局部与整体指标相结合、定性与定量指标相结合、长期与短期指标相结合。

（4）制定预算奖惩方案：建立预算奖惩机制以激励组织各层级更好地执行预算。奖惩机制的设计可直接将预算目标作为考核标准，并与组织整体的预算目标相挂钩。

（5）预算考核的组织实施：实施预算考核需要有系统的组织安排，重点在于通过预算编制考核制度、预算执行考核制度、预算控制考核制度、预算分析考核制度、预算考核奖惩制度等实现预算考核的全过程管理。同时，建立信息反馈机制，及时了解考核中的问题和困难，以便及

① 谢晓霞：《民间非营利组织财务管理》，成都：西南财经大学出版社，2019年，第23—24页。

时调整和改进考核方法。

三、社会组织的预算监督

（一）预算监督的内容与重要性

预算监督，简言之，是对预算计划的跟踪、评估和调整的全过程管理。它涵盖了对组织财务状况、绩效目标和资源利用的全方位审查。预算监督的目的不仅在于确保组织按照既定的计划进行，还在于及时发现偏差并采取纠正措施，以保障组织的财务健康和运营效率。简单来说，社会组织预算监督包括对组织预算编制和预算执行全过程的监督①。

对预算编制的监督内容主要包括：确保预算编制符合国家有关方针、政策和财务制度的规定，同时符合主管部门下达的事业计划和任务的要求；审查收入预算的合理性，确保收费项目有相应的政策法规作为依据，且贯彻了收支平衡和略有结余的原则；对支出预算的监督要贯彻预算编制原则，包括保证重点、兼顾一般，按定员制定的预算执行，执行开支标准，遵循勤俭节约的方针；预算编制应当内容完整、数字准确，预算表格齐全、表外项目说明清楚，按规定时间和程序报批。

对预算执行的监督内容则涉及以下方面：确保收支预算按计划进度完成，与单位事业计划和任务进度相适应；监督预算执行过程中的追加、追减事项是否符合法规要求；对预算支出的执行需要按照规定渠道，防止经费留用；审查会计凭证的真实性，防范违反财经纪律的现象，并确保及时处理发现的问题；对单位年度决算报告的监督要求真实完整、数字准确，各项应缴款项及时上缴财政部门，决算报表要及时报送主管部门和财政部门审核。

预算监督对于社会组织实现良好预算管理具有重要作用。首先在资源优化利用方面，通过监督预算执行，组织能够更好地了解资源的分配和使用情况，有助于优化资源配置。其次在业绩评估方面，预算监督使组织能够对实际绩效与预期绩效进行比较，这有助于评估组织在特定期

---

① 古小华、吴乐珍、黄波：《非营利组织管理（修订版）》，北京：中国经济出版社，2020 年，第 134 页。

间内的业务成果，为未来制定更准确的预算提供经验教训。再次在偏差检测与纠正方面，预算监督能够准确敏感地把握偏差，当实际执行情况偏离预期时，监督机制应及时发现并采取纠正措施。此外，预算监督有助于确保组织的财务活动透明合规，符合外部监管机构的审查标准。最后，通过对预算执行情况的分析，组织可以灵活地调整战略和目标，这为组织在竞争激烈的市场中更好地适应变化提供了机会。

（二）预算监督手段与调整

社会组织在监控预算编制、执行情况时可采取多样化手段，主要可参考以下方面：(1) 利用好定期财务报告这一重要的监督工具。社会组织需要建立定期的财务报告制度，以清晰呈现预算与实际的对比，包括损益表、资产负债表等关键财务指标，有助于监测财务状况，及时发现问题。(2) 强化绩效指标追踪。预算监控不仅仅局限于财务数据，还包括对组织绩效指标的监控，如项目的社会影响、受益人满意度等。社会组织的目标往往更加注重社会效益，因此非财务性指标的监测更加关键。(3) 重视责任分配。社会组织通常由多个部门或项目构成，每个部门或项目应清晰了解其在整个预算计划中的作用，并对其进行追踪。这有助于建立清晰的责任体系，推动社会组织整体目标的实现。(4) 善用比较分析法。通过将实际数据与预算进行比较分析，特别是在关键领域的偏差，有助于快速识别问题并采取迅速的纠正措施，确保社会组织能够实现其使命和目标。(5) 建立有效的沟通与反馈机制。社会组织的成员往往分布在不同的地理位置或从事不同领域的工作，因此需要确保各层级的管理人员及时了解预算执行情况。同时，与团队成员的沟通也是必要的，以确保每个人都理解并为社会组织的预算目标贡献力量。

当经过科学的评估和充分论证后，认为当前组织预算确实存在问题，则可以进入预算调整环节。由于预算监督并非僵化的一次性监督，而是全过程、可持续的，因此预算调整也具有灵活性，在组织面临各种未知的挑战时因时而变。

预算调整主要考虑两个方面：一是对具体的预算指标进行追加或降低。可以在预算编制时预先设定一些触发调整的标准，当某项费用偏离预算超过一定比例时，就触发调整机制；二是对预算科目进行增加或撤销。这与组织所进行的项目密不可分，随项目的开展和结束而变动。

需要注意的是，预算调整不应是一次性的，而是需要定期回顾，综合长期的调整情况考虑是否需要对整体预算计划进行结构性调整。在调整预算时，不仅仅要看到数字本身，还要考虑整体组织战略、市场环境和未来预期，这有助于确保调整是综合而全面的。此外，调整预算是一项需要谨慎决策的任务，因此，在进行预算调整时应该确保涉及的各方都能够充分参与，提供意见和建议。

第三节　财务透明度与风险管理

一、社会组织财务信息披露

（一）财务信息披露的必要性

财务信息披露有助于社会组织构建一个健康、透明的组织生态系统。通过履行组织义务、接受社会监督以及促进组织发展，财务信息披露成为推动社会组织向更加成熟、可持续方向发展的重要动力。

首先，财务信息披露是社会组织对其成员、合作伙伴和利益相关者以及社会公众负有的一项基本义务。2016 年实施的《中华人民共和国慈善法》中，第八章信息公开明确规定了慈善组织的信息披露义务；2018 年 8 月民政部颁布的《慈善组织信息公开办法》，特别明确了对捐赠款物接收和使用情况的信息披露要求①。通过透明地公开财务状况、运营成果和资源利用情况，组织能够展现其管理水平和责任担当。

其次，财务信息披露为社会提供了监督机制，有助于防范腐败、滥用资源等问题。通过向公众公开相关信息，社会组织在财务运作中更容易接受外界的监督。透明度和公开性使得组织的决策更加谨慎，提高了组织财务管理的质量。

最后，财务信息披露对于社会组织的可持续发展至关重要。对于潜

① 王媛媛：《重大突发事件下慈善类非营利组织会计信息披露研究》，载《商业会计》2022 年第 4 期。

在的合作伙伴和捐赠者而言，他们更倾向于与透明度高、财务状况清晰的组织合作。对于愿意加入组织的新成员，经由详细的财务公开了解组织的财务状况也是他们做出决策的一个关键因素。披露详细的财务信息有助于展现组织的稳健性，增加吸引力。

（二）财务报表分析

社会组织信息披露通常体现在组织官网上发布的年度报告中。年度报告中包含组织本年度在业务范围内所开展的项目概述、年度收支情况、财务报表和审计报告等内容。其中最能直观有效地看出一个组织的年度财务信息、资金拥有量、组织经营情况的部分非财务报表莫属。

社会组织根据会计准则和会计制度规定，对已经发生的交易或事项进行确认、计量、分类、加工、处理后，编制出总结性的书面文件称作财务报表，用以展示该社会组织的财务状况和经营成果①。社会组织的财务报表由“三表一注”构成，即资产负债表、业务活动表、现金流量表及附注。

经由财务报表分析，社会组织可以深入了解其资产、负债结构，以及收入、支出和结余情况，从而评估资金使用效果，推动管理水平提升，追求更高的综合效益。有学者根据对壹基金和红十字基金会的财务报表研究提出了我国非营利组织财务报表分析的指标体系（见表 5-1）。

表 5-1　非营利组织财务报表分析指标体系②

目标层	准则层	一级指标	二级指标
非营利组织财务报表分析	1. 基本财务状况分析	1.1 资产规模	1.1.1 不同资产的规模
			1.1.2 各种资产占总资产的比重
		1.2 资金来源	1.2.1 净资产和负债规模
			1.2.2 净资产和负债占总资产的比重
		1.3 收入情况	1.3.1 不同收入类型的规模
			1.3.2 不同收入占总收入的比重

① 于玲：《刍议非营利组织财务报表分析》，载《当代会计》2020 年第 15 期。

② 囤秀秀、张波：《我国非营利组织财务报表分析——以壹基金和红十字基金会为例》，载《财会通讯》2018 年第 19 期。

续表

目标层	准则层	一级指标	二级指标
非营利组织财务报表分析	1. 基本财务状况分析	1.4 支出情况	1.4.1 不同支出的规模
			1.4.2 不同支出占总支出的比率
	2. 核心财务指标分析	2.1 筹资能力	2.1.1 筹资费用率（筹资费用/捐献收入）
			2.1.2 捐赠收入增长率
			2.1.3 投资公益率
		2.2 财务稳定性	2.2.1 公益支出变化率
			2.2.2 净资产变化率
			2.2.3 营运资本比率
			2.2.4 资产负债率
		2.3 营运能力	2.3.1 管理费用占总支出比率
			2.3.2 公益支出占上年总收入比率
			2.3.3 成本效率（公益支出/管理费用）
			2.3.4 年度收支比（本年收入/本年支出）
		2.4 发展能力	2.4.1 总收入增长率
			2.4.2 净资产增长率
			2.4.3 投资收益增长率

概括来看，财务报表分析主要可分为以下几个方面：（1）对资产、负债构成和资产使用情况的审慎分析。涉及对资产的科学性和合理性，以及对负债构成和水平的审查。（2）对收入、支出和结余情况的分析。包括对收入来源的细致检查，确保政府和社会补助的清晰分类，支出是否按照标准使用，是否存在超支和不当使用等；结余情况的分析有助于了解组织是否能够通过自身收入满足常规支出，指明需要改进的方面。（3）对筹资能力和财务稳定情况的分析。检查筹资费用和捐赠收入的增长率，以及营运资本的比率等关键指标是否正常稳定。（4）人员经费支出和国家相关财务政策的执行情况分析。

上述针对社会组织的财务报表分析不仅指导着下一年度预算的制定，还为组织提供了可靠的数据支持。通过详尽的分析结果，社会组织能够更全面地了解自身的财务状况，做出明智的组织决策，同时增进组织财务透明度，提升各方对组织的信任。

（三）财务信息披露对捐赠收入的影响

通过财务信息披露，组织展示了自身的财务健康状况、有效的资源利用和对社会责任的履行，这些因素有助于吸引更多的捐赠，尤其是那些注重捐赠资金使用透明度和合理性的捐赠人。我国一些学者致力于研究财务信息披露对于社会组织所获捐赠收入的影响。如程昔武等人基于《中国慈善组织透明度评估体系》，以 2013 年基金会中心网公布的中国公益基金会透明指数为样本，分析了公益基金会财务信息披露的完整性、正规性和及时性对捐赠收入的影响，指出社会组织财务信息披露的完整性和正规性与其所得捐赠收入呈显著正相关，公益基金会资产总额与捐赠收入具有明显的“规模效应”①。相应地，也有学者通过量化研究指出了公益慈善组织的财务信息披露质量，尤其是提高捐赠收入和受托责任有关的财务信息披露质量，对其捐赠收入具有显著的正向影响②。

由此可见，确保财务信息披露的完整性与正规性有助于降低社会组织与捐赠者之间的信息不对称问题，对社会组织捐赠收入的获取具有积极影响。此外，从慈善文化的传播角度看，财务信息披露有助于建立慈善文化，鼓励更多人参与慈善事业。透明的财务信息传递了一种社会责任感，鼓励捐赠者和其他社会成员积极参与，共同促进社会的公益事业。

二、社会组织的外部审计与内部控制

（一）社会组织的外部审计

社会组织的财务信息披露应同时接受政府监管和社会监督。建立外

① 程昔武、纪纲、范青云《财务信息披露影响捐赠收入吗——基于中国公益基金会的经验证据》，载《财贸研究》2018 年第 29 卷第 4 期。

② 谢晓霞、洪旸、方静波：《公益慈善组织的财务信息披露质量对捐赠收入的影响——基于慈善基金会的年报数据分析》，载《商业会计》2022 年第 15 期。

部审计体系需要政府和独立的社会第三方之间的有效配合。

2006 年修订的《中华人民共和国审计法》将社会组织受政府委托管理的社会保障基金、社会捐赠资金以及其他有关基金、资金的财务收支等纳入政府审计监督范围①。这使得部分社会组织受到政府审计监督，有助于推动其更有效地运用资源，实现社会使命。

社会组织的外部审计通常由注册的会计师事务所或独立的审计公司承担，以确保审计的独立性和专业性。审计的内容和流程可以简要概括如下：审计内容一般包括财务报表审计、内部控制审计和合规性审计。财务报表审计需要审计公司对社会组织的财务报表进行全面审计，涵盖对资产、负债、收入、支出等项目的验证；内部控制审计在于评估社会组织的内部控制体系，如财务流程、财务记录和报告的可靠性，以及组织对于防范财务风险的控制措施是否健全；合规性审计要求审计公司检查社会组织的财务活动是否符合相关法规和法律要求。在审计流程上，一般经历制定审计计划、收集检查财务数据、撰写审计报告、解释结果并向社会组织提供改进建议几个环节。为确保审计的独立性，审计公司通常不与被审计的组织有直接的财务利益关系，这有助于维护审计的客观性和公正性。

社会组织外部财务审计为潜在的投资者提供了对组织财务状况的独立验证，有助于保护投资者的权益，使其能够更加明智地做出投资决策。同时，审计程序通过验证财务报表的准确性，确保了报表的真实可靠，为组织提供了一个向外界展示其财务健康状况的可信渠道。此外，外部审计标准通常是统一且公认的，这为不同组织的财务报表提供了可比性，有助于形成普遍化、标准化的财务信息披露模式。总体而言，社会组织外部财务审计在维护组织合法性、提升公信力、保护利益相关者权益等方面发挥着不可替代的作用。

（二）社会组织的内部控制

社会组织的内部审计主要由组织内审计部门的专业人员负责，他们

---

① 谢晓霞：《民间非营利组织财务管理》，成都：西南财经大学出版社，2019 年，第 91—92 页。

直接服务于组织内的各个部门和最高管理层。内部审计的职能包括对本单位及所属单位的财务收支、经济活动行为进行真实、合法和效益方面的独立监督和评价，旨在提出改进建议，以促进组织财务有效管理。

内部审计强调专业化、系统化和程序化的分析、跟踪和审计，力求在提高工作质量的前提下增强效益，客观评价绩效，确保决策科学。其特点一是人员构成的专业性，要求审计人员具备审计、会计等基础知识；二是工作内容的综合性，通过系统化和规范化的方法对风险管理、控制和治理程序进行评价，并将组织的财务制度制定及执行情况、财务收支合理性、财务违规情况等信息及时报与国家审计和社会审计。

社会组织内部控制具有如下要点：一是环境控制。确保组织内有良好的管理理念、诚信标准、道德规范，并注重管理人员的业务素养、胜任能力、组织机构设置、责任分配与授权，以及培育健康的组织文化和社会责任。二是风险管理。强调现代风险管理观念，通过风险识别、评估、预警和应对等过程，全面管理潜在风险。三是控制活动。充分运用责权分离、授权审批、会计系统、内部报告、绩效考评和信息系统等内部控制程序对社会组织的活动进行控制。四是信息与沟通。获取和利用支持履行职责和风险管理所需的信息，确保信息传递及时、准确，沟通与反馈机制健全，尤其在突发事件和问题的应急管理中，要加强与各方及社会公众有效沟通，维护组织声誉。

内部监督也是组织实施内部控制的重要一环。为完善组织内部监督，社会组织可采取以下措施。首先，建立以理事会为核心的财务监督框架，明确制度性框架，按照制度规定进行内部监督。其次，引入独立理事，担负审查财务报告、评估高层管理业绩等责任，以确保财务监督的独立性。最后，强化监事会的财务监督职能，监事会成员应由外部监事主导，要求具备深厚的财务会计专业知识，其职责包括检查财务资料、监督高层管理层的行为，确保组织的财务透明度。

案例 5-2：中国红十字会的内部控制体系①

中国红十字会成立于 1904 年，百年来一直秉持人道、博爱、奉献

① 张丹：《非营利组织内部控制体系重构——以中国红十字会为例》，载《财会通讯》2018 年第 5 期。

的精神和国际红十字运动的基本原则。在“保护人的生命和健康，促进人类和平进步事业”方面，该会开展了众多项目，培育了“希望工程”“博爱送万家”等公益慈善品牌，为我国公益慈善事业的发展做出了巨大贡献。

中国红十字会在改革开放后迎来了发展的新时期，组织数量和会员规模不断攀升，截至2016年底，全国拥有近10万个基层红十字会组织，个人会员达到近2700万，团体会员超过11万个。在组织结构方面，形成了总会、省、市、区县、乡镇及村居六级组织网络，为开展非营利公益服务事业奠定了坚实的组织基础。

该会的内部治理结构和管理模式是根据《中华人民共和国红十字会法》构建，并在实践中不断优化完善。最高权力机构是会员代表大会，下设机构为理事会，理事会的执行主体是下设的常务理事会。为了更有效地推动业务事项，常务理事会又下设执委会，负责具体的开展和实施工作（如图5-1）。这一内部治理结构使中国红十字会能够更好地应对社会需求，迎合发展的要求。

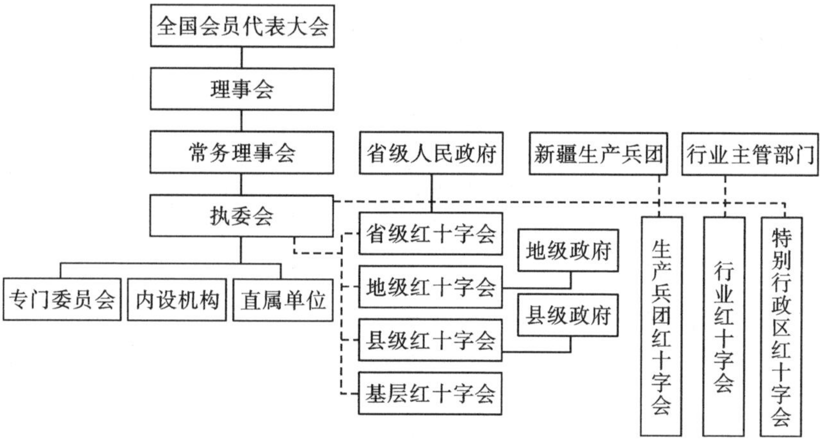

图5-1　中国红十字会内部组织结构示意图

不可否认的是，中国红十字会内部控制也存在着一定缺陷：缺乏关键机构如监事会，导致决策执行内部监督不足；人力资源管理上，外部任命模式挤压了会员的民主权，管理者来自外部导致效率低下；基层工作人员缺乏对内部控制的认知，将其视为高层的职责；职务设置相互重叠，业务流程的独立性难以保障；授权审批不明晰，存在先执行后授权审批的现象；风险识别控制和应急机制有所缺失。在“郭美美事件”中，红十字会表现出对风险的无力识别和控制，管理层缺乏对外部环境变化的理性认知，面对市场竞争的风险和突变缺乏应对方案。这些缺陷一定程度上损害了中国红十字会的内部控制体系，需要采取有效措施加以改进。

【思考题】

结合案例，谈谈中国红十字会在内部控制上可以怎样改进。

三、社会组织的财务风险管理

（一）风险识别与评估

社会组织的财务风险是指在社会组织进行的各项财务活动中，由于各种难以预料和控制的因素的影响，财务状况具有不确定性，从而使组织有蒙受损失的可能性①。

社会组织财务管理中面临的财务风险主要涉及四个方面：财务管理目标蕴含的风险、筹资领域的风险、资金支出以及投资方面的风险。

首先，社会组织的财务管理目标在于实现社会公益而非追求利润。由于缺乏类似企业中利润的明确指标，组织难以有效检测收入与成本费用的配比，导致难以清晰判断各项目是否能在一定收入条件下实现。潜在的财务风险体现在不重要的项目消耗大量公益资金，导致社会效果与投入不符，或者关键项目由于资金不足难以维持，限制了组织目标的实现。

其次，在筹资方面，社会组织主要通过社会捐助和政府拨款筹资，其中社会捐助的不稳定性使组织面临波动较大的财务风险。政府拨款受经济状况和财政收入波动影响，趋向减少。两个筹资渠道存在不合理的构成，使得公益资金流向不稳定，而且缺乏有效的监控机制，容易导致滥用资金、财务危机的风险。

再次，社会组织在公益资金的实际支出过程中，可能出现行政支出

① 杨红、秦利、安姝敏：《非营利组织财务风险的防治与控制》，载《沈阳农业大学学报（社会科学版）》2004 年第 1 期。

较多、公益支出减少的情况，导致公益资金的不当使用。缺少监督机制和监督权的缺失使得资金支出结构可能异化，公益性丧失，降低了组织公信力。

最后，社会组织进行投资活动时往往缺乏完善的投资决策和风险管理机制，而一些社会组织又不重视将投资决策向出资人和受益者告知，使得社会组织在投资决策方面面临较大的不确定性。投资决策失误的风险与投资收益被滥用的风险较企业更大，责任难以追究。

进行系统的财务风险评估有助于社会组织采取适当措施管理财务风险。以下是一些常用的组织财务风险评估的工具和方法。

（1）SWOT 分析。评估组织内部优势和劣势，以及外部机会和威胁。在财务风险评估中，特别关注与财务相关的机会和威胁。

（2）风险矩阵法。制定风险矩阵，将风险的概率和影响程度进行定性或定量评估，有助于确定哪些风险最为严重，从而优先考虑采取措施。

（3）场景分析法。通过构建不同的财务风险场景，分析在每种场景下可能发生的财务影响，有助于组织更好地理解并应对多样化的风险情况。

（4）历史数据分析法。分析过去的财务数据，识别历史上出现的财务问题和风险，以便预测未来可能发生的情况。需要注意的是，这种方法依赖于对历史数据的准确记录和分析。

（5）压力测试法。通过模拟不同的财务情境进行压力测试，评估组织在不同条件下的财务稳健性。这种方法有助于了解组织在压力下的财务表现。

除去上述方法外，社会组织还可以采取一些专业的风险量化评估方法，如多元判定模型、F 分数模型、功效系数模型等，利用专业的财务软件和工具，例如风险管理软件和预测建模工具，建立组织的风险识别和预警机制。此外，社会组织也可以寻求专业的财务咨询服务，由专业的财务顾问或会计师事务所对组织进行全面的财务风险评估，依据潜在的风险事件制定全面的风险识别指标和标准化的风险处理流程以对风险进行规范化的事后管理，从而降低组织的损失。

(二) 风险管理策略的制定与执行

完善的社会组织风险管理计划对于确保组织的财务健康和可持续发展至关重要。在日益复杂和多变的经济环境下，组织的财务风险涉及多个方面，包括预算管理、筹资、投资、财务合规等。制定并执行好财务风险管理计划，明确风险预防与应急措施，有利于确保组织的财务安全。

从预防的角度看，社会组织在预算管理上应制定好详细预算制度，规范审批流程，强化预算监控；在内部控制上建立清晰的财务流程，定期进行内部审计，保障财务信息系统的安全性，防范信息泄露和系统攻击；在筹资方面拓宽多元化筹资渠道，与潜在合作伙伴建立稳固的关系，确保筹资的稳定性，使用金融衍生品等工具把握市场机会；在投资上根据组织的风险承受能力和长期发展目标进行合理的投资配置，分散投资，降低特定投资标的的风险。另外，社会组织需要建立一套专业的风险分类体系，将潜在的风险按照性质、来源、影响程度等进行分类。常见的风险类别包括战略风险、财务风险、合规风险、声誉风险等。组织可以借鉴国际财务报告准则（IFRS）等相关标准，将风险进行明晰的分类，以有针对性地开展后续的风险管理工作。

另一方面，对于风险的应急管理，要制定好相应应急措施：(1) 在风险发生前，社会组织需要根据风险的性质和紧急程度分别制定相应的预案。应急预案需要包括人员安排、物资准备、沟通协调等方面的内容，明确紧急联系人，如内部员工、合作伙伴、捐赠者等。在危机发生时能够快速建立有效沟通，减缓负面影响。如对于突发性的自然灾害风险，社会组织应提前制定疏散计划、救援方案，并进行定期演练，以确保在紧急情况下组织能够高效应对。(2) 组织要设立专门的应急响应团队，囊括财务、法务、沟通等多个领域的专业人员，团队应具备危机管理和处理经验，能够迅速做出决策。(3) 建立有效的应急信息发布机制和危机公关策略，确保组织能够及时、准确地向外界发布与财务风险有关的信息，并在组织面临危机时及时回应疑虑，积极主动沟通，尽量避免负面信息的传播。(4) 在应急事件结束后进行经验教训总结，分析危机应对的效果，找出不足之处，并在应急预案中进行相应的改进，以提升未来的危机应对能力。

案例 5-3："中国妈妈"事件①

胡某是中华绿荫儿童村的创始者。1999 年，她得到 M 国慈善机构"妈妈联谊会"会长的许可，前往云南丽江开展孤儿学校建设。她因抚养数百名孤儿而备受赞誉，被誉为中国慈善事业的象征，甚至在中央电视台的公益广告上被称为"中国母亲"。

然而，1999 年 M 国妈妈联谊会向丽江妈妈联谊会捐赠的 35 万美元却引起了争议，拉开了"M 国妈妈联谊会"与"中国母亲"的七年战争序幕。该笔捐款涉及美元汇率差价，且"丽江妈妈"未向"M 国妈妈联谊会"提供美元兑换人民币的流水账单，引发了"M 国妈妈联谊会"对其在黑市兑换美元以谋取汇率差价的怀疑。

由于这一问题可能导致 M 国国税局对"M 国妈妈联谊会"资金流向产生疑虑，"M 国妈妈联谊会"会长迅速向 M 国国税局报告，并通过网站公布被骗情况。她表示"我们必须在国税局查我们之前，在捐款人知道真相之前就公布出来，以掌握认错的主动权。在 M 国，你上当不是你的错，你作假就会受到重罚。"这一举动曾一度导致组织捐款下滑，但她认为这是值得的，因为这保持了组织在捐款者中的信誉，同时也为自己提供了足够的补救时间。

在 M 国，像"M 国妈妈联谊会"这样的慈善组织享有免税资格，但为了防止不法之徒通过慈善组织逃税与洗钱，M 国国税局对慈善组织的资金流向进行监管。因此，"M 国妈妈联谊会"在中国的捐助必须提交各种合法的票据和财务报表给 M 国国税局，就像其他 M 国慈善机构一样，财务收支必须公开，并在每年 5 月中旬向国税局报税，国税局会根据慈善机构提供的财务报表和审计报告，决定是否继续给予免税资格。

在与"丽江妈妈"接触的过程中，"M 国妈妈联谊会"会长还发现其存在挪用善款、借善款敛财等财务问题。因此，她采取了跨国官司的

① 谢晓霞：《民间非营利组织财务管理》，成都：西南财经大学出版社，2019 年，第 162—169 页。

方式争取补救。2002 年，云南省高级法院终审判决“丽江妈妈”向“M 国妈妈联谊会”返还 90 余万元人民币。

【思考题】

1. 比较丽江妈妈联谊会和 M 国妈妈联谊会的财务管理，你认为各自有何优缺点。

2. 从财务风险管理的角度谈谈 M 国妈妈联谊会在此事件中面临怎样的财务风险问题以及是如何应对的。

（三）财务运作的法律合规性

社会组织财务廉洁是确保组织在财务管理中合法、透明、操守良好的关键。以下是防范社会组织财务风险，确保财务运作合法合规的重要方面：

一是建立明确的财务制度。制定并明确社会组织的财务管理政策和制度，确保财务管理行为符合国家法律法规和行业规范。财务制度应涵盖预算编制、会计准则遵从、内部控制等方面。例如在预算控制上采取责任预算制，将管理责任下放到基本单元，形成内部控制模式。在这一体系中，预算根据责任中心分解，各层次的责任中心编制相应的责任预算，成为目标和考核依据。责任预算能够更好实现纵向层次的资金流转管理和横向的各层次资金效益管理，以解决传统模式下资金管理粗犷的问题，且分权提高了基层单元的管理积极性，内部经济责任有效约束了基层单元的资金配置行为。

二是加强对财务人员的教育培训。首先在招聘选拔财会人员阶段，不能只看其专业知识和能力，更要考察道德品质与政治素养，对于法律意识淡薄的应聘者应当审慎聘用。其次，在社会组织的日常培训中，要强化财务法规和道德观念教育，确保财务人员熟悉并理解相关法规，自觉遵守伦理道德。此外，7 还要重视发挥党员的先锋模范作用，加强社会组织中的党建引领，端正领导层和财务人员思想作风、工作作风，营造良好的组织风气①。可以组织全体财务人员参与有关廉洁守法的文化活动，或学习组织伦理守则，对违规者实施纪律处分或处罚，从根本上

① 金浪：《基金行业财务廉洁风险防控探析》，载《国际商务财会》2022 年第 6 期。

规避钻法律法规空子的不良思想。

三是建立健全的内部控制体系。如前文所述，设计和实施内部控制体系，能够有效确保财务活动的准确性和透明度。如设立独立的审计与监察部门，定期审查各项财务活动。审计人员不直接隶属于财务部门，有利于确保内部审计的独立性。监察部门负责监督组织内部人员的行为，保障了内部控制的有效运行。同时加强对关键岗位人员的管理，对负责资金调度的高级管理人员应当进行严格的背景调查，并设立双重签署制度，以防范高风险岗位的腐败行为。

四是实现透明的财务报告与信息披露。社会组织定期发布详细的财务报告和项目执行情况，让捐赠者能够清晰地追踪他们的捐款是如何使用的，增加组织的公众信任度。社会组织也可以建立志愿者监督团队，由社会各界人士组成，经由外部监督压力对组织的财务活动进行有效管控。还可以通过设立匿名举报渠道，使组织成员能够放心举报任何可能存在的不正当财务行为。通过这些措施，社会组织可以在财务管理中建立起合法、合规、符合伦理标准的良好体系。

◎本章习题

1. 社会组织财务管理的主要内容是什么？
2. 社会组织的财务报告有哪几种？
3. 社会组织如何做好财务预算？
4. 社会组织如何做好财务监督和风险控制？

第六章　社会组织人力资源管理

第一节　社会组织人力资源管理概述

一、社会组织人力资源

人力资源（Human Resources，简称 HR）通常指的是一个组织内与人相关的全部资源，这一概念强调了组织中的人员作为一种资源的角色，与其他资源（如资金、设备）相对应，是组织能够运作的关键要素。德鲁克曾说："人力资源决定了组织的绩效水平，组织的一切活动都是靠人来完成的。"①

社会组织人力资源指的是社会组织中涉及的各类人力资源，包括志愿者、工作人员、管理人员等，这些人力资源是社会组织达成其宗旨和目标的重要组成部分。

（一）社会组织人力资源构成

1. 理事

社会组织的理事指的是该组织的董事或理事会成员。理事是社会组织中拥有一定权责的决策机构成员，他们负责监督和制定组织的政策、方向和决策。社会组织的理事通常由组织内外的各类人员担任，这些人员一般应具有一定的经验和专业背景，能够为组织的决策和管理提供有效的支持，如组织的创办人/发起人、法律或财务专业人士、社会活动家、企业家/商界人士、政府代表、员工和志愿者代表等。

---

① ［美］彼得·德鲁克：《非营利组织的管理》，吴振阳译，北京：机械工业出版社，2019 年，第 149 页。

2. 受薪人员

社会组织的受薪人员是指组织中接受薪酬（工资、薪水等）的雇员。包括全职员工，如执行总监、项目经理、行政人员等，专注于组织的日常管理和项目实施。全职人员又分为长期员工和临时员工，前者是组织的长期雇员，后者则是在某些特定情况下，组织的雇佣临时工或合同工，以满足特定项目或时间段的需求。

兼职员工也属于受薪人员的范畴，他们可能在组织以外的地方兼职工作，或在组织中担任特定项目的职责。这些受薪人员通过专业技能和劳动贡献，支持社会组织实现其使命和目标。

3. 志愿者

志愿者是指自愿为某个组织或社会事业免费提供服务、时间和技能的个人或群体，其行为是基于对社会责任和对特定事业的热忱，而非出于薪酬的考虑。社会组织的志愿者按照来源分可分为个人志愿者、企业志愿者、专业志愿者、学生志愿者、团队志愿者、社区志愿者等；按照工作性质则可分为管理型志愿者、项目型志愿者和日常性志愿者。[①] 志愿者的多样性使得社会组织能够充分利用各种技能和资源，推动各项社会事业的发展。

（二）社会组织人力资源的特征

1. 背景多元性

社会组织成员涵盖志愿者、专业人士和员工，具有不同的背景、技能和动机，需要根据不同人员特点灵活运用。

2. 自愿参与性

社会组织成员参与组织活动是自愿的，其动机通常基于对社会事业的热情，需要不断激发其积极性和共鸣。

3. 目标非营利性

组织的主要目标通常是社会服务，而非盈利。即使是受薪人员，其薪酬也不与组织盈利多少挂钩。志愿者则更是靠爱心和社会责任感来驱动。

---

① 古小华、吴乐珍、黄波：《非营利组织管理（修订版）》，北京：中国经济出版社，2020 年，第 142—143 页。

4. 项目导向性

社会组织的工作通常以项目为导向，人力资源需要根据项目需要灵活配置，适应短期性和项目性的工作。

5. 层次扁平性

社会组织内部结构较企业和政府相比具有更简单的层次，意味着中层管理人员较少，人力资源更容易实现直接的沟通以及更灵活的决策。此外，扁平结构使得组织能够更快速地适应外部环境的变化。

二、社会组织人力资源管理的含义与特点

社会组织人力资源管理是指社会组织为实现其组织目标和组织成员的自身发展，通过相关的法规、制度、方法和手段，对其成员进行规划、选拔、任用、激励、培训、考核、职业发展等一系列管理活动的总和①。

社会组织人力资源管理具备一般人力资源管理的性质和特点，但相较企业和政府也更复杂。由于其独特的志愿性与公益性，员工的工作动机与其他组织有所不同，尤其是志愿者，他们以实践志愿精神为己任，为理想而工作，携带着独特的价值观与理念进入组织，对组织和管理者寄予更高期望。这是社会组织人力资源管理的优势，也是最显著特点。然而，这一特质使得其管理任务更为艰巨，需要同时激发员工热情并赋予工作独特意义，这也是社会组织人力资源管理的独特性所在。

（一）突出组织使命的引领

社会组织通常以实现某种社会使命和价值为宗旨，因此在人力资源管理中，组织使命和目标被视为至关重要的因素。社会组织以公益性、慈善性和志愿性为特征，注重对社会公众的关怀和服务，志愿精神既是其灵魂，也是凝聚组织的力量所在，不仅赋予社会组织明确的目标和崇高使命，更激励每位员工全力以赴，从事业的成功中获得满足，并乐于分享快乐。使命明确的社会组织不仅关注自身的发展，更强调对社会的

① 张彻：《非营利组织人力资源管理研究——基于薪酬管理的分析》，载《财会通讯》2010年第5期。

积极贡献，能塑造一种充满社会责任感的工作氛围①。因此在人员培训中要强调组织的社会使命，通过引领和激发员工对组织使命的共鸣，使其在工作中追求更高的社会价值，如招聘、培训和绩效考核等方面都需要以组织的使命为核心，确保员工的工作与组织使命紧密相连。

（二）伦理管理嵌入员工日常管理

由于社会组织通常肩负着更多的社会责任，因此在员工的日常管理中，伦理和道德的考量变得更为重要，这意味着在招聘、员工关系、决策等各个环节都需要以伦理标准为依据，强调员工的道德品质、社会责任感和公益意识。社会组织应遵循四个基本伦理原则：德行伦理要求管理者以善良正直等品格为准则；责任伦理要求组织主动履行社会义务，以清廉、公正的方式维护社会环境；利益伦理要求考虑所有相关者的利益；权利伦理要求尊重并保护个体的自由与法定权利。伦理管理的嵌入使得员工在工作中更加注重道德层面的行为和决策，有助于维护组织的良好声誉和社会形象。

（三）绩效评价重视长远贡献

传统的绩效评价往往侧重于短期目标的达成，而社会组织更注重员工对社会的长远贡献。这包括鼓励员工参与社会服务项目、推动组织的社会责任项目，以及通过长期积累的贡献来评价员工的绩效。这种长远导向的评价体系有助于激发员工的社会责任感和组织忠诚度，形成更具深度和可持续性的人才发展路径。强调长远贡献而非短期效益使得员工更加关注组织的长远发展和社会影响，从而形成更加积极的工作态度。此外，社会组织人力资源绩效评价与一般组织的差异还体现在评价与物质激励不一定直接挂钩、绩效评价通常更注重定性而非定量方法。

三、社会组织人力资源管理的基本原则与发展方向

（一）社会组织人力资源管理的基本原则

我国学者唐俊辉所提出的社会组织人力资源管理的基本原则被引用

① 古小华、吴乐珍、黄波：《非营利组织管理（修订版）》，北京：中国经济出版社，2020年，第144—145页。

较多，本部分参考其界定，从以下五个方面展开讨论[①]。

1. 德才兼备，以德为先

社会组织员工除了具备专业技能外，更应注重良好的道德品质。拥有良好德行的员工更有可能为社会事业贡献积极力量。社会组织对社会使命的追求要求其成员应具有相较于企业人力资源更高的德行，在社会组织中，员工的道德品质直接关系到组织的社会使命和价值观的实现。人力资源的专业技能虽重要，但在社会组织的招聘和评价中还是应以德行为先。

2. 人尽其才，能级相符

社会组织在进行人事安排时应当充分考虑并发挥员工的才能，使其与所从事的工作能力相匹配。个体的专业能力、经验和潜力应与工作职责相符，以提高员工的工作满意度和整体绩效。通过合理配置人力资源，组织可以更有效地实现其目标，激发员工的潜力和工作热情，促使其在适宜的岗位上发挥最大价值，从而提升组织的竞争力和创造力。

3. 软硬兼施，文化取胜

社会组织人力资源管理实践中既要注重硬性制度和规定，又要注重软性因素，尤其是组织文化的建设。对于没有薪酬的志愿者，很难通过硬性的奖惩体系来驱动他们的行为，更需要依赖组织文化的引导和共鸣。此外，社会组织相对松散的组织结构也导致硬性约束的实施和执行相对困难，难以像企业那样通过严格的层级管理来确保规章制度的贯彻执行。因此社会组织除了建立完善的制度和流程外，还要关注员工的价值观、理想信念、情感态度。

4. 灵活开放，动态适应

由于志愿者具有流动性，往往随项目的开始和结束而来去，因此要采用灵活的人力资源管理策略，适应不同的情境和需求。在人员招聘、培训和绩效管理方面，注重个体差异和变化，鼓励创新和学习，以灵活开放的管理方式吸引和留住多样化的人才，迅速适应外部变化，提高组织的适应性，以更好地实现其社会使命。

---

① 唐俊辉、唐重振：《试析非营利组织人力资源管理》，载《人才开发》2005 年第 4 期。

5. 素质提升，个人发展

社会组织一般专注于某个领域，需要成员具备一定专业知识和技能，而高素质的专业型人才对自我价值的实现和能力发展更为看重，因此社会组织要能帮助其在专业能力、领导力和团队协作等方面发挥个人潜力以建立富有活力的团队，激发成员的工作热情和创造力，为组织长远发展提供支持。

（二）社会组织人力资源管理的发展方向

我国社会组织人力资源管理发展方向可以概括为目标导向公益化、岗位管理规范化、人员招聘科学化、人员培训系统化、绩效考评社会化和薪酬管理合理化①。

目标导向公益化。社会组织的首要目标是服务社会、推动公益事业，因此人力资源管理应更加强调对员工的社会责任感和公益使命的培养。社会组织要设立明确的公益性目标和绩效考核体系，激励员工积极参与公益事业，将组织的目标与员工的价值观紧密结合。

岗位管理规范化。社会组织岗位的权责划分一般较为模糊，且变动性大。规范化的岗位管理能够为组织提供更清晰的职责分工和工作流程，减少混乱和不确定性，促使员工更好地理解自己在组织中的角色和责任。因此需要进行以战略为导向的工作分析与组织设计，在定岗、定责、定编与定员的基础上进行工作流程优化。

人员招聘科学化。采用先进的招聘技术和方法如大数据分析和人才测评，对于组织中的关键岗位，量化其所需的知识和能力，形成岗位人员胜任模型，更精准地匹配组织需求和人才背景，减少人才浪费，确保招聘过程更加科学和有效。

人员培训系统化。社会组织人力资源管理应建立对组织成员系统化的培训计划，包括初级培训、持续培训和领导力发展等方面，可以提高员工的专业素养，提升综合能力，进而更好地应对日益复杂和多变的社会需求。

---

① 萧鸣政：《人才评价与开发：行政管理的基点》，北京：北京大学出版社，2014年。

绩效考评社会化。社会组织的绩效考核应更加关注组织对社会的贡献，而非仅仅关注员工的个人成绩。引入社会贡献等多元化指标，鼓励员工更积极地参与社会服务，以实现社会使命。

薪酬管理合理化。社会组织同样需进行岗位评估，根据每个职位对整个组织的价值和贡献程度，进行相应的激励和待遇分配。在社会组织中，待遇主要通过社会性和精神性激励体现。尽管这种薪酬体系可能较少涉及物质激励，但其关键在于确保公正和合理性。

第二节　社会组织受薪人员的管理

一、员工招聘与选拔

社会组织受薪人员管理是指社会组织对其雇佣的有薪酬的工作人员进行全面的组织、协调和监督的过程。这一过程涵盖了招聘、培训、绩效考核、薪酬福利等方面。

员工招聘与选拔在社会组织人力资源管理中具有重要的含义和作用。招聘是指吸引和获取适合组织需求的候选人，而选拔则是从众多应聘者中筛选出最符合要求的人员。人力资源是组织中最重要的资源，招聘则是组织与潜在员工接触的第一步。人们通过招聘了解组织使命价值和薪酬待遇等，并决定是否愿意为其服务①；组织在选拔过程中考验候选人是否在精神上契合组织的价值观，是否是组织想要的人选。

简单来说，员工招聘与选拔具有如下重要性：确保组织能够拥有具备必要技能和素质的员工，以更好地实现组织的使命和目标；通过精心挑选符合组织文化和价值观的候选人，有助于建立积极的工作环境和团队氛围；招聘合适的人才可以提高工作效能，确保每个员工在其擅长的领域发挥最大的潜力；招聘能够引入新思维和不同背景的员工，促进组织创新和发展。

① 张一驰、张正堂：《人力资源管理教程（第三版）》，北京：北京大学出版社，2019 年，第 91 页。

（一）招聘与选拔程序

为确保招聘工作科学有效，应当按照以下规范流程进行。

1. 招聘计划的制订

社会组织首先需要制订招聘计划，明确招聘的职位、数量、所需技能和素质、时间要求等。招聘计划应该与组织的发展战略和使命相契合，确保新员工的加入对组织目标的实现具有战略性的贡献。完整全面的招聘计划是招聘的主要依据，能够使招聘过程更加合理科学。

2. 招聘信息的发布

制订好招聘计划后，社会组织将招聘信息发布到适当的渠道，如社交媒体、招聘网站、行业协会等，应根据招聘计划的内容选择最合适的招聘渠道。信息中需明确职位要求、工作职责、薪酬福利等关键信息，以吸引合适的候选人。

3. 应聘者申请

有兴趣的应聘者将提交申请，通常包括个人简历、求职信等。社会组织要确保申请过程简便透明，有条件的情况下可建立应聘者数据库，保存符合应聘岗位或有可能符合组织需要的应聘者资料，以便需要时能从数据库中及时调取，节省再次筛选候选人的时间。

4. 人员甄选与录用

组织会对收到的申请进行初步筛选，然后进行面试、技能测试等环节，以更深入地了解应聘者的能力和适应性。为确保从众多求职者中选拔最优秀的人才，社会组织进行择优录取时，需根据岗位标准进行一系列测验和测评，进行严格的筛选。甄选标准需综合考虑专业能力和价值观两方面，前者要求员工具备相应专业背景和技能，后者强调员工的道德素质、奉献精神、与组织文化的契合度。在招聘阶段，注重选取符合组织文化和价值观的员工，有助于后续减少员工流失，提升组织的整体素质。

5. 招聘评估与反馈

完成招聘后，社会组织应对招聘流程的效率、新员工的适应情况等进行评估。这一过程也为组织提供了改进招聘策略的机会，以不断提高招聘的质量和效果。同时，为未被录用的申请者提供反馈，帮助其更好地理解不成功的原因，促使其在未来的求职过程中有所准备。

（二）内部招聘与外部招聘

1. 内部招聘

内部招聘是指组织在寻找人才时首先考虑现有员工的情况，从内部进行职位的填补。内部招聘可以通过以下渠道和方式：(1) 在组织内部网站或员工内部通讯上发布职位空缺信息，让员工自愿申请；(2) 鼓励现有员工推荐合适的同事或团队成员，以填补职位空缺；(3) 制订员工发展计划，通过内部培训和晋升机会，提升员工的职业发展；(4) 建立和维护内部人才数据库，使组织能够及时了解员工的技能和发展意愿；(5) 在内部组织员工交流会议，分享职位机会和发展计划，鼓励员工参与内部职业发展。

内部招聘具有如下特点：首先，内部招聘可以激励员工，员工看到组织愿意在内部提拔和培养人才，会更加投入工作，追求职业发展。其次，内部招聘有助于员工减少适应期，已在组织工作的员工了解组织文化和运作方式，无须再花费太多时间来适应新环境。再次，内部招聘通常不需要进行广泛的招聘广告宣传，减少了招聘的直接成本。最后，对于内部候选人，组织已经了解其工作表现和绩效记录，有更为具体的评估依据，降低了招聘时的不确定性。

2. 外部招聘

外部招聘是指组织在寻找人才时面向外部招聘市场，吸引新的申请者加入。这种招聘可以通过招聘网站、社交媒体、招聘广告、职业博览会、人才中介机构、校园招聘和网络招聘等方式开展。

外部招聘相较内部招聘具有以下优势：(1) 引入新的观点和思维，促进组织的创新和发展；(2) 当组织面临新的挑战或扩大业务时，外部招聘的员工往往能更灵活地满足组织对新技能和专业知识的需求，应对外部多种变化；(3) 内部招聘已有员工之间的关系可能会影响评估，外部招聘则可以减少这种偏见，保持招聘过程的客观性；(4) 当组织需要解决某些特定问题或推动特定项目时，外部招聘可以选择具有相关经验和技能的候选人，更好地应对挑战。

在实际应用中，社会组织通常采用内外结合的方式，综合考虑内外部招聘的利弊，以更好地满足组织的发展需求和团队的平衡。

二、员工培训与职业发展

在社会组织人力资源管理中，员工培训与职业发展的重要性不可低估。一方面，员工培训通过提升专业技能、适应新技术和方法、提高工作效能以及增强团队协作等方面，为员工提供了不断学习和发展的机会；另一方面，在培训中重视员工的职业发展也十分重要，直接关系到组织的长期战略和员工的职业生涯。为员工提供职业发展机会有助于吸引和留住有潜力的人才，激发员工的工作动力和积极性。职业发展还能够培养和发现潜在的领导人才，为组织的未来管理层提供充足的人才储备。在快速变化的市场和行业环境中，拥有具备专业技能和职业发展意愿的员工有助于提高组织的竞争力，并更好地适应变化。

（一）员工培训的基本原则与程序

社会组织的员工培训应遵循以下原则进行：一是学用一致原则。培训内容应与员工实际工作紧密结合，确保培训所学能够直接应用于工作场景。培训内容的实用性和适用性是提高员工学习积极性和培训效果的关键。二是理论联系实际原则。培训应该注重将理论知识与实际工作相结合，使员工能够理解理论，并在实际工作中灵活应用。通过实际案例、模拟操作等方式，加深员工对知识的理解和记忆。三是按需施教原则。根据员工的不同需求和工作岗位的特点，个性化定制培训计划。不同岗位和职能的员工可能需要不同类型的培训，以满足其特定的技能和知识要求。四是循序渐进原则。培训应该采取渐进的方式，从基础知识逐步深入，确保员工能够逐步掌握所学内容。

员工培训的程序的基本步骤如下：（1）评估组织开展员工培训的需要；（2）设定员工培训的主题和目标；（3）设计培训项目，确定培训师、培训地点、培训方法与教材等各项要素；（4）培训的实施和评估，考核培训效果是否达到预期。

（二）员工培训的类型及方法

在社会组织中，主要包括入职培训、在职培训和终身培训（见表 6-1）。

表 6-1　三种员工培训类型及特点

培训类型	特点
入职培训	提供组织的基本信息和基础知识，帮助其快速融入工作环境
在职培训	关注员工的专业发展和实际工作需要
终身培训	强调员工持续学习，适应变化并提升个人素质

入职培训是新员工刚刚加入组织时接受的培训，旨在帮助新员工更快地适应组织文化、了解组织结构、熟悉工作流程和规章制度。内容通常包括社会组织的历史和愿景、岗位职责、工作流程、相关政策等。在职培训指员工在工作期间接受的培训，目的是提高员工的专业技能、适应新的工作要求或者培养其潜在的领导才能。在职培训可以包括技术培训、管理培训、沟通技巧培训、道德与法治培训等，以满足员工在职业生涯中不同阶段的需求。终身培训是一种持续的培训模式，旨在鼓励员工持续学习和发展。社会组织通过提供各种学习资源、培训课程、研讨会等方式，使员工能够不断提升自己的技能、知识水平，并适应组织和行业的不断变化。

社会组织可以采取以下培训方法对员工开展多样化培训，以取得更好培训效果：(1) 讲座和研讨会。由专业讲师或内部专家进行知识传授，帮助员工了解特定主题或领域的知识，研讨会通常涉及参与性更强的互动和讨论。(2) 实地考察和观摩。安排员工参观相关机构或项目，通过实地体验和观摩，加深对实际工作情境的理解，激发学习兴趣。(3) 案例分析。基于实际案例进行深入分析，帮助员工理解问题的复杂性，培养问题解决和决策能力。(4) 角色扮演。借助模拟情境，让员工扮演不同角色，提高沟通能力、团队协作和问题解决能力。(5) 学习小组和导师制度。将员工组织成小组，共同学习和讨论，促进知识的共享和交流。通过与有经验的导师合作，新员工可以得到个别辅导和指导，更好地适应新环境。(6) 培训视频和在线课程。利用数字化技术提供在线学习资源，员工可以随时随地学习，方便灵活。(7) 团队建设活动。通过各种团队活动和游戏，增强团队协作、沟通和领导力。

此外，社会组织的员工培训要重视员工的职业发展，通过定制个性化培训计划、提供晋升机会、鼓励学习文化等举措激发员工的潜力，建立起良好的人才发展体系，实现组织和员工共同发展的目标。

三、员工绩效考核与管理

社会组织中员工绩效考核是一项关键的管理实践，旨在评估员工在工作中的表现，并为个体和组织提供改进和发展的机会。这一过程涵盖了目标设定、反馈、评估和奖惩等多个环节，其目的是确保组织的整体效能和员工的个人发展得到有效管理。

（一）绩效考核的目的

具体来说，绩效考核的目的在于以下几点。首先是提高工作效率。通过对员工绩效的全面评估，组织可以更好地了解员工在各方面的表现，从而针对性地提出改进建议，提高工作效率。其次是激发工作动力。透过明确的绩效目标，员工更容易理解组织的期望，有助于激发他们的工作动力，追求更高水平的表现。再次是确定奖惩依据。绩效考核结果直接关系到奖惩机制的实施。卓越表现的员工可能获得奖励，而低绩效可能导致培训、调整工作分配或其他适当的纠正措施。最后是支持个人发展。绩效考核提供了使员工和管理层共同讨论个人职业发展计划的机会，促使员工在职业生涯中不断成长。

（二）绩效考核的方法

绩效考核可采用如下方法进行。

（1）360 度绩效评估。这种方法涵盖了来自员工直接上下级、同事以及客户的反馈。通过多方面的评价，360 度绩效评估提供了更全面、客观的员工表现画面，有助于识别个人的优势和改进空间。360 度绩效评估方法存在的不足之处在于它减弱了关键绩效指标的优先程度，同时需要收集整合的信息量过于庞大，加大了考核成本。

（2）平衡记分卡。平衡记分卡是一种综合考核体系，将员工绩效分为财务、客户、内部流程和学习与成长等四个维度。平衡记分卡为社会组织的管理层提供了一种手段，能够评估组织在当前和未来如何为客户创造价值。同时，这一方法也使得管理层更全面地了解员工在各个层面的贡献，确保绩效考核与组织的战略目标保持一致。

（3）目标管理法。员工与管理层共同制定明确的工作目标，并在一定周期内进行评估。这种方法着重于结果导向，通过实现既定目标来评价员工绩效。

（4）记录考核法。作为一种简单直接的绩效评估方式，记录考核法要求评价者记录员工的强项、弱项和潜力。老员工和同事的评价在员工提薪和晋升方面至关重要，这种由相互熟知的人口头或书面呈现的真实、客观信息具有同其他复杂方法相等的说服力，能够快速准确地捕捉员工的优缺点，为整个社会组织的绩效提升提供参考和研究基础。

需要注意的是，尽管有多种相对科学的绩效考评方法，在实际考评过程中员工绩效还是免不了受到考核者主观因素的影响。因此社会组织的人事考评负责人应当秉持客观公正的态度，在考核中避免掺杂自己的主观情感和偏见，以确保考核结果的准确和可靠。

四、人力资源薪酬体系

社会组织人力资源薪酬体系是指一个组织内部设立的关于员工薪资和福利的结构化体系。这一体系包括了员工薪资、奖金、福利、补贴等各种形式的报酬，以及相关的薪酬管理政策和程序。合理的薪酬体系能够激发员工的工作热情，提高工作效率，为社会组织带来发展和活力。薪酬体系的构成主要包括以下几个方面。

（1）基本工资。员工在组织内从事工作所获得的基本薪资水平，通常是按月或按年支付的固定金额。基本工资是根据员工提供的劳动数量和质量，按照预先设定的标准支付给员工的劳动报酬，也可称为劳动力的价格。这表示员工的基本工资是根据其职位高低、工作表现和贡献而确定的一种薪酬形式，反映了他们在组织中所提供的劳动的经济价值。

（2）奖金和绩效激励。奖金制度是员工在完成特定任务、达成目标或表现突出时的额外酬励，通常是一次性的、额外的薪酬，可以根据不同情况进行调整。根据员工的绩效表现，组织可能提供额外的奖金或激励措施。

（3）福利和补贴。相对于薪酬和奖金，福利通常以实物或延期支付的方式呈现，其固定成本特征与劳动能力、绩效和工作时间的变动无直接关系。典型的福利包括基本养老保险、失业保险和基本医疗保险，这些福利由国家政策规定，具有强制性和保障性。其他福利和补贴形式多样，包括各类带薪假期、教育培训、员工餐厅、健康安全费用、社会保险以及文体旅游等间接支付的报酬。

薪酬管理应遵循以下原则：公平公正，保障员工在相同岗位、相同绩效下能够获得公平的报酬；激励导向，将薪酬与个体和组织绩效挂钩，激发员工的工作动力；市场合理性，参考市场薪酬水平，确保组织薪酬在行业内具有竞争力；透明度和沟通，保持薪酬体系的透明度，与员工进行有效沟通，减少不确定性；综合福利，不仅考虑薪资水平，还包括福利、工作环境等因素。

第三节　社会组织志愿者的管理

一、志愿者管理概述

（一）志愿者管理的含义

志愿者是自愿参与并为社会提供服务的个人，他们出于对某种事业、社群或社会问题的关切和热爱，无偿奉献自己的时间和劳动。志愿者的志愿服务行为分为两种界定：广义志愿服务和狭义志愿服务。前者指的是个人自发、非正式的参与社区服务或帮助他人的行为，参与者的动机可能更多地来源于个人的兴趣、爱心和社会责任感，而非受雇或受组织约束；后者则指由社会组织、社会团体等组织和管理的志愿者项目活动，参与者在特定组织的引导下，按照组织设定的任务和目标，有计划地参与服务活动，这种志愿服务具有明确的组织背景，志愿者通常会接受组织的培训和管理，在较为具体的服务范围内履行明确的义务和责任。

志愿者作为一种特殊的人力资源，其管理是人力资源管理的重要一环。若将人力资源管理视作组织、企业和政府在人员管理上的共通实践，那么志愿者管理则显著突显了社会组织管理的独特之处，成为其独有的人力资源管理模式。社会组织志愿者的特质决定了其管理方式的特殊性：（1）素质要求。社会组织具有独立社会服务目标的特性，对成员素质有独特要求，要求其政治觉悟和道德品质高于整体水平。（2）培训重点。社会组织对志愿者的培训往往侧重于使命感、道德感和责任感的培训，且在日常活动的潜移默化中贯彻组织风格，巩固培训效果。(3) 绩效激励。在对志愿者的激励上，目标激励、人本管理往往更为重要。

(二) 志愿者管理的内容

按照人力资源管理的流程，社会组织对志愿者的管理可划分为规划、招募与甄选、培训、配置与协调、激励、监督与评估、遣散等基本环节（如图 6-1）。各环节紧密联系，互相影响。

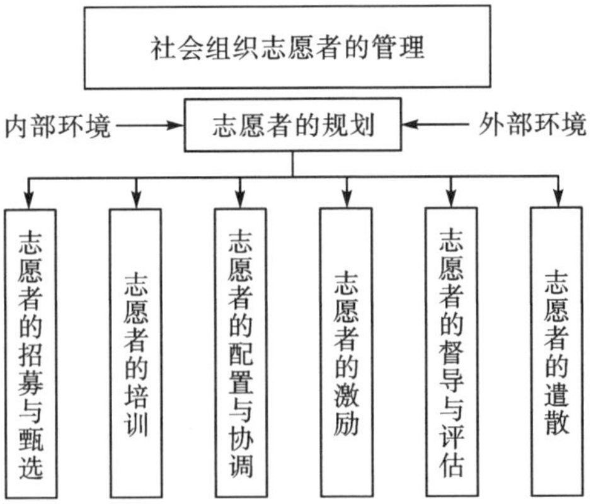

图 6-1　社会组织志愿者管理流程

当前社会组织在实际运作中多采用项目运作的方式，开展多重项目以实现组织持续运转，而志愿者的志愿服务活动和管理全过程也多是遵循项目的周期进行的。结合社会组织志愿服务项目管理准备、实施、总结的周期性流程，可进一步细化在项目中的志愿者管理流程与各阶段内容。

(1) 项目准备阶段。项目准备开始前的启动阶段，进行志愿者的招募与甄选，以及针对项目有关的项目培训。可从外部招募适合该项目的志愿者，也可从组织内已有的志愿者团队中遴选与该项目目标较为契合，并具备相应服务能力的志愿者。

(2) 项目实施阶段。在项目开始实施后，依然要针对具体的实施情况进行灵活性培训，而非只注重实施前的一次性培训。此外该阶段志愿者的管理重点在于志愿者的配置与协调、激励与督导。前者要求根据项目执行需求和过程中发现的结构性问题，及时调整志愿者配置方案，合理利用人力资源，优化分配；后者则要把握好志愿者的柔性激励与硬性制度约束，双管齐下规范志愿者行为，激发志愿者潜能和意愿，使其主动尽其所能致力于项目目标的实现。

（3）项目总结阶段。项目完成后，对志愿者及时评估绩效并实施奖惩措施。继而根据社会组织的下一步工作需要，考虑是否撤销原有的项目部门并遣散临时人员，对于综合素质和能力较为出众的志愿者予以挽留（需有长效性激励方式和书面协议）。

二、志愿者招募与甄选

（一）志愿者招募

在招募之前，社会组织应当根据组织和项目不同的需求以及服务内容，来确定所招募的群体。志愿者群体分为基础型、技能型和专业型[①]：基础型志愿者从事简单的帮助工作，如捡拾垃圾、植树、探访老人和弱势儿童；技能型志愿者凭借熟练技能提供服务，包括翻译、IT应用、器材维修、医疗诊治等；专业型志愿者则以领域专业知识和经验支持公益组织，提供咨询、培训、软件开发等服务，如市场营销解决方案和薪资考核体系设计。

在明确了志愿者类别和工作内容后，可以组织着手招募志愿者。吸引社会有意愿的人士参与志愿者行列可采用多种方式，如凸显组织使命、示范专职人员的卓越工作、以领导者的高尚品格吸引志愿者等。在志愿者招募策略上，有三个层面的考虑，包括专业取向或普遍参与、短期志愿者的招募和行销观念导向。招募方法则包括内部招募、广告、公共资源、校园或公司招募、网络招募和通过活动招募等。为了确保招募到与组织相适应的志愿者，招募过程可视为一场双方需求匹配的游戏，志愿者的需求与组织的需求相互配对，确保志愿者人数和条件与所需工作相协调。对于专业性要求较强的岗位，社会组织管理者应当优先考虑

① 邱服兵、涂敏霞：《志愿者管理工具包》，广州：广东人民出版社，2018年，第55—56页。

以下问题：

（1）志愿者需具备何种特质？

（2）对于特殊技能有怎样的要求？

（3）什么样的人愿意从事这项志愿工作？

（4）在哪里能够招募到这类志愿者？

（5）组织如何与此类志愿者进行沟通？

（6）针对此类志愿者，有何激励机制？

在志愿者的招聘中，必须坚持实事求是的原则。尊重应聘者的知情权至关重要，应当实事求是地向应聘者详细介绍工作岗位的相关信息，如工作时间、工作地点、提供的福利待遇等。如果组织在招募过程中试图隐瞒一些实质性信息，志愿者在进入工作岗位后将面临与期望差异巨大的现实情况，导致志愿者感到受骗，极大地降低其继续服务的积极性，甚至可能导致中途退出志愿服务。

志愿者招募可类比为“漏斗”，通过特定程序筛选符合项目目标和岗位要求的志愿者（如图 6-2）。

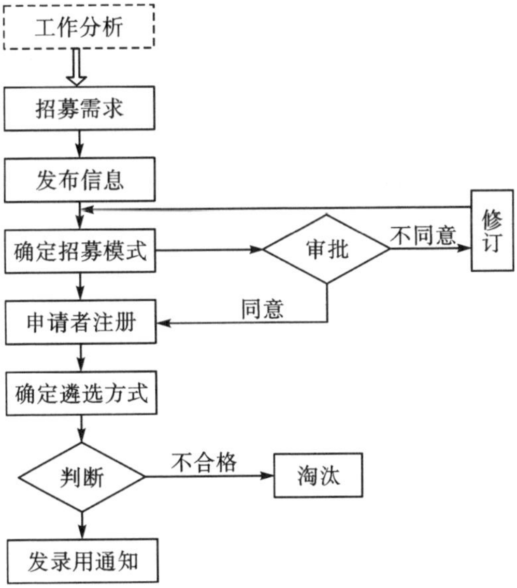

图 6-2　社会组织志愿者招募流程图

（二）志愿者甄选

在吸引应募者的招募公告后，必须确定最适合特定职位的人选。志愿者组织需要精选志愿者，以满足服务对象的具体需求，并发挥志愿者的优势。选拔志愿者的方法多种多样，包括面试、问卷、心理测试、资信证明、健康记录和犯罪记录核查等手段。择优选拔的程序和方法取决于志愿者岗位的特性和复杂性。初选可以根据志愿者申请表上的信息进行，然后根据岗位要求进行面试或笔试。不同形式的面试包括结构化、半结构化和非结构化面试。在特殊情况下，机构可能使用专业测评工具，如性格测试、认知能力测试或诚信测试。推荐信也是常用的选拔方法之一，而对于风险高的岗位，可能要求志愿者提供体检证明，并对其犯罪背景进行调查①。

社会组织在进行志愿者选拔后，应进行有效的效果分析评估。首先，关注选拔的结果，包括是否符合规范要求、数量是否满足招募需求，以及未被选上的志愿者原因及是否适合其他服务岗位。其次，评估选拔的效果，关注志愿者是否具备组织所需的知识、态度、经验和技能，能否按约完成服务，以及选拔制度、流程对效果的影响。最后，重要的是应募者反馈，包括未被选中应募者的情绪和思想反馈，以及成为志愿者后可能遇到的问题和挑战是否与选拔工作相关。通过这三个方面的综合评估，社会组织可以更好地了解选拔工作的实际效果，优化选拔制度，提高志愿者服务的整体质量。

案例 6-1：一千零一个愿望②

××市××区贫困儿童“‘六一’梦想影院”志愿者活动招募函

亲爱的志愿者：

他们是一群成长在繁华都市的孩子，憧憬与渴望着未来，他们是社会与家庭的希望。由于受经济基础的制约，他们没有其他儿童那样的环境和条件，他们的生活十分单调，这些孩子没有丰富多彩的娱乐活动，但他们也有自己的美丽愿望……我们的付出能带给孩子们一个快乐的‘六一’儿童节，满足孩子一个梦想，也是给他们提供一份希望、一个

① 民政部社会工作司：《志愿者管理手册》，北京：中国社会出版社，2014 年，第 111 页。

② 邱服兵、涂敏霞：《志愿者管理工具包》，广州：广东人民出版社，2018 年，第 86—87 页。

感受外面缤纷世界的窗口，那里同样成长了我们的梦想与希望。

欢迎加入一千零一个愿望之××市××区贫困儿童“‘六一’梦想影院”志愿者活动，为贫困学生实现度过一个快乐“六一”节的愿望。

一、机构简介

××机构是一家成立于2009年的公益机构，通过扎根流动人口聚居的社区并开放社区活动中心的模式为流动儿童及其家庭提供服务，定期在各中心开展儿童教育类相关项目，项目受益儿童近2万余人。

二、活动时间：2017年7月9日09:00—12:00

三、活动地点：××影院

四、服务对象：120名贫困学生

五、服务内容：

1. 与孩子一起观影《辛巴达历险记2》并开展互动。

2. 实现孩子的一个愿望。

六、志愿者招募数量：10名

七、志愿者招募要求：

1. 愿意承担实现孩子愿望的费用（组织方提供包场，观影的费用由组织方承担）。

2. 陪伴孩子，与孩子度过一个难忘的“六一”儿童节。

3. 有热情、有爱心、有责任心，喜欢和孩子们相处。

4. 非常欢迎有特殊艺术特长或儿童教育经验者的申请。

5. 积极配合主办方的安排，并接受相关的岗前培训。

【思考题】

该组织的志愿者招募通知体现了志愿者招募的哪些要素？对于有意愿参与的应试者应当如何选拔？

三、志愿者培训与激励

（一）志愿者培训

志愿者培训是为了提升志愿者的整体素养和服务技能而进行的教育和训练，根据志愿者的具体工作职责，有针对性地设计教学内容，并通过分级分类的方式展开各种培训活动。志愿者加入组织后，不仅需要提升知识和技能以更好地履行服务职责，同时也期望通过服务过程中实现个人期望。因此，组织的培训具有双重效果：满足志愿者的需求，同时通过培训让志愿者了解组织或项目的使命和目标，明确岗位责任，促进志愿者更好地为组织和项目做出贡献。

依据《中国志愿服务培训大纲》，可根据志愿者的服务时数和在组织中的角色定位，建立分类分层的志愿者培训体系①。培训一般分为通用培训和专项培训两大类型，通用培训又根据课程志愿者服务时数和角色定位划分初级课程、中级课程、高级课程三个层级。初级课程专注于对志愿服务和志愿精神、志愿服务发展概况、志愿服务礼仪与沟通技巧、志愿者心理调适、志愿者自护与救助等方面开展培训；中级课程侧重于团队管理、政策法规培训、团队工作技巧和项目管理、宣传策划等内容；高级课程致力于培养管理人才或团队领袖，包括领导艺术、资源整合、制度建设、创新发展、风险管理等内容。专项培训根据具体领域所需进行特定内容的培训，如文化志愿服务、应急救援服务、社区发展服务、助老助残服务、青少年成长辅导、环保志愿服务、扶贫开发服务等。培训课程涵盖志愿者在服务中“应知应会”的理论基础和实践技能，实现有针对性的培训。

志愿者培训按照 ASK 模型又可划分为三种类型，即态度类培训、技能类培训和知识类培训（如表 6-2）。态度类培训关注培养志愿者的态度和价值观，旨在提高其对服务的热忱和责任感，内容可能包括社会责任感、团队协作、文化敏感性等。可利用小组讨论、案例分析、心理辅导等方式，引导志愿者思考社会问题，增强他们的社会责任感和使命感。技能类培训侧重培养志愿者在实际服务中所需的具体技能，例如沟通技巧、领导力、解决问题的能力等，可通过模拟演练、实际操作、导师指导等方式，帮助志愿者掌握并提升在服务过程中所需的实用技能。知识类培训着眼于提供相关领域的知识背景，使志愿者更好地理解服务对象、社会问题以及组织的使命，通过讲座、研讨会、在线学习等形式，向志愿者传授相关知识，以便其更深入地参与服务和推动组织目标

① 共青团中央青年志愿者工作部、中国青年志愿者协会、中国青年院校工作协会：《中国志愿服务培训大纲》，天津：天津社会科学院出版社，2017 年。

的实现。

表 6-2　ASK 模型三种志愿者培训类型

培训类型	重点	实施方法
态度类培训	培养热情和对服务的责任心	小组讨论、案例分析、心理咨询
技能类培训	发展实际服务所需技能	模拟演练、实际操作、导师指导
知识类培训	提供相关背景知识	讲座、研讨会、在线学习

志愿者培训可采取讲授、体验式培训、案例分析、情景模拟、头脑风暴、在线培训等方式，培训手段类似于专职员工的培训，只在内容上稍有差别，具体可参考前文专职员工培训方法，此处不再赘述。

案例 6-2：郑州市同行社会工作服务中心“爱心纽带计划”①

郑州市同行社会工作服务中心于 2011 年 9 月成立，2014 年接手郑州市民政部门的低保服务项目，服务对象包括金水区七个街道办事处的 813 户低保家庭。由于低保家庭分布广泛，需求差异大，服务中心的社会工作人员相对不足。为解决人力不足问题，低保家庭服务项目组制定了爱心纽带计划，通过招募大批项目型志愿者，支持社会工作服务中心走出低保项目专业社会工作人才不足的困境，为低保项目提供充足的人力资本支持②。

2014 年 12 月 9 日，丁梦盈作为慈善志愿者工作队的一员，和其他志愿者们抱着绿萝、幸福树等绿植和精美相册，来到郑州轻工业学院家属院金淑华老人的家里。金淑华是个名副其实的空巢老人，“儿女工作忙，他们也有自己的家庭和生活，孩子们挺孝顺，一周回来看我一次。我现在能照顾自己，不想麻烦孩子，分他们的心。”

丁梦盈把绿油油的植物和相册送给老人，并拉着老人的手唠起家常，还帮着打扫卫生。临走前，丁梦盈保存了老人的电话号码，并叮嘱

---

① “爱心纽带计划”传递心灵与生活的双重关爱 慈善志愿者冬季为孤寡老人送温暖，2014 年 12 月 10 日，郑州市金水区同行社会工作服务中心，http://www.zztxsg.org/news_info.asp?id=267，2023 年 12 月 13 日访问。

② 李建玲：《非营利组织志愿者行为退化原因及对策——以郑州市 S 社会工作服务中心爱心纽带计划志愿服务为例》，载《河南工程学院学报（社会科学版）》2019 年第 34 卷第 4 期。

老人一定要存下自己的号码。“我觉得帮助他人是一件幸福的事情。”丁梦盈认为，“陪老人们聊天，帮他们做一些力所能及的事情，老人们都非常高兴。这也让我更加懂得孝敬、尊敬老人，关心、爱护老人。”

“这次‘爱心纽带计划’活动，我们从报名的大学生队伍中挑选了12名有社会学理论基础、乐于奉献的志愿者来开展活动。”志愿者工作队张标说。

这些慈善志愿者的行动也引来了社区相关负责人的称赞。“我们社区现有居民3万多人，其中低保8户，孤寡老人和空巢老人16名。平时，我们也注重对这些特殊群体的关爱，但是一个网格长分包有多户家庭，还是有些力不从心。大学生加入社区服务后，我们实行‘网格长＋志愿者＋党员志愿者’的帮扶模式，帮助老人打扫卫生等，使社区服务工作得以更好地开展。绿色植物象征欣欣向荣。志愿者们拿着绿植入户结对帮扶，就是把希望带进家庭，让他们更加有信心克服生活中的困难。”社区主任李振华说。“目前，我们正对农业大学园艺专业的大学生志愿者进行专业培训，在第二期帮扶活动中，我们将采取专业社工志愿者和园艺志愿者结合，进行更全面的帮扶。”张标说。

2015年，“爱心纽带计划”启动第三支队伍“红领巾”，由C高校北校区的成员组成，有效缩短了志愿者到达服务对象家庭的路程。2016年，该中心进一步扩大计划，成立了“晨晓之光”和“风信子”两支志愿者队伍。这两支队伍不再仅限于高校学生，还吸纳了社区志愿者，特别是那些离低保弱势群体家庭更近的志愿者。这一改变不仅缩短了爱心“纽扣”和服务对象的地理距离，还拉近了服务对象与爱心“纽扣”之间的心理距离。通过招募社区志愿者，爱心“纽扣”更便捷地服务于低保弱势群体。

【思考题】

1. 结合志愿者管理的相关内容，谈谈案例中的“爱心纽带计划”是如何利用志愿者团队为低保家庭送温暖的。

2. 该计划体现了志愿者招募与培训的哪些要点？

（二）志愿者激励

由于社会组织的社会服务本质，员工更注重组织的使命感和奉献精神，相对不太关注物质和金钱上的回报。这使得人力资源绩效评价不同于其他组织，不一定与物质激励直接挂钩。在管理和激励过程中，目标激励、声誉激励等隐性激励方式显得更为重要。对于大量志愿者，隐性激励方式甚至可以独立作为有效的激励方式。社会组织的管理者需要灵活运用各种激励手段，以更好地调动和激发员工的积极性。志愿者的激励方式有很多，具体分为内部和外部激励机制。

1. 内部激励机制

(1) 荣誉型激励。通过社会和组织颁发的奖项，如政府的“志愿者金奖”或社区的“优秀志愿者奖励”，以表彰志愿者的突出贡献，激发其服务价值感和自豪感。

(2) 社会回馈型激励。探索建立志愿服务的回报反馈机制，例如“时间银行”制度，将志愿者服务时间存储起来，以便将来获得同等时间的服务；“互助服务”的模式通过公示志愿者服务效果，为志愿者提供社会认可和回报。

(3) 培训型激励。将志愿者培训视为提升素质和能力的人力资源开发过程，通过培训提高志愿者的专业水平，增强其服务能力，从而激发积极性。

(4) 自我价值型激励。志愿者通过服务发现自身的价值和作用，调整人生价值观，影响自我评价的改变。志愿服务提供给志愿者重新认识和发挥自己价值的机会，成为志愿者参与服务的重要动因。

(5) 自我成就型激励。志愿者在服务中获得的成就感对其产生积极激励作用。社会和组织对志愿者服务效果的认同，使志愿者获得成就感，进而产生积极向心力。

(6) 自我发展型激励。志愿者通过参与服务获得交往和实践机会，提高交际能力、问题解决能力、领导能力等，促进个人发展。

(7) 自我愉悦型激励。志愿者寻找快乐，将负面情绪转化为愉悦体验。

2. 外部激励机制

(1) 社会支持。动员政府、企事业单位、社会团体等多方支持志愿者工作，提供资金保障，为志愿者提供必要的外部保障，降低他们参与志愿服务的成本和风险。

（2）优惠待遇。为完成志愿服务的志愿者提供特殊待遇，例如政府主办的公园、景区等场所提供优惠，旨在鼓励志愿者更加积极参与服务。

（3）优先录用。在志愿者符合条件的情况下，政府和相关单位在招聘、录取等事项中优先考虑志愿者，提供一定的优惠政策，以回馈志愿者为社会做出的贡献。

（4）保险保障。组织为志愿者购买保险，以保护志愿者在服务中的权益，确保志愿者在服务过程中得到充分的关爱和尊重。

对于社会组织而言，留住志愿者是关键的人力资源管理任务。然而，许多组织面临志愿者流失，导致志愿活动难以正常进行。除了志愿者本身的时间限制和个人流动性外，民间调查揭示了一些深层次原因，如缺乏有意义的工作、缺乏尊重、工作缺乏挑战等。这些问题主要分为志愿者自身因素、外部环境因素和组织管理因素。解决这些问题的可行办法包括调查中途退出的志愿者，了解其退出原因，并采取相应对策。此外，定期测试现有志愿者的满意度和不满意度，与志愿者定期交流，分析他们的状态，包括是否获取相关知识、掌握技能、结交新朋友等。这些办法也有助于理解志愿者需求，从而降低志愿者流失率。

案例6-3：启智服务总队志愿者激励机制①

广州青年志愿者协会启智服务总队是一支活跃的志愿者团队，服务对象包括福利院、老人院、智障活动中心等弱势群体。注册会员超过30 000人，活跃会员约为3 000人，每周组织超过40项志愿活动，提供1 000个志愿者服务岗位。服务已超过十年，积累了丰富的志愿者管理经验，实施了完善的服务时数统计和会员激励措施。通过定期有针对性的志愿者培训，拥有自己的宣传网站和志愿者交流刊物，获得了国家级、省级、市级多项奖项，深受社会认可。

启智服务总队在其发展过程中实施了三个阶段的激励机制。

普遍激励阶段从2003年开始，引入会员志愿服务时数登记制度和

① 志愿组织的激励机制 | 启智队的成长历程（四），2017年10月13日，搜狐网，https://www.sohu.com/a/197978258_795893，2023年12月13日访问。

年度表彰认可的措施，鼓励志愿者坚持服务并记录服务时数，得到组织的认可。

分阶激励阶段从2006年开始，通过细分志愿者群体，对新报名志愿者、星级会员和志愿者骨干分别实施不同的激励方式，如对新报名加入的志愿者赠送志愿文化产品激励；对星级会员进行认可激励；对志愿者骨干给予培训深造激励；对志愿服务后志愿者给予言语、短信激励等方式。

最后，创意激励阶段探索了多样化的激励方式，如网络认证星级会员、论坛志愿者授勋、志愿服务时数激光标签等，通过引入创新元素，调动了志愿者的热情，同时也促进了志愿组织的文化建设。

在日常激励中，启智服务队实行志愿服务时数登记制度，根据不同的志愿服务时数给予星级认证。志愿者加入后发给服务时数登记本，每次志愿服务后由服务项目负责骨干给予服务时数登记认定，累计满50小时给予一星级会员认证；满100小时给予二星级会员认证；满200小时给予三星级会员认证；满300小时给予四星级会员认证……以此类推。

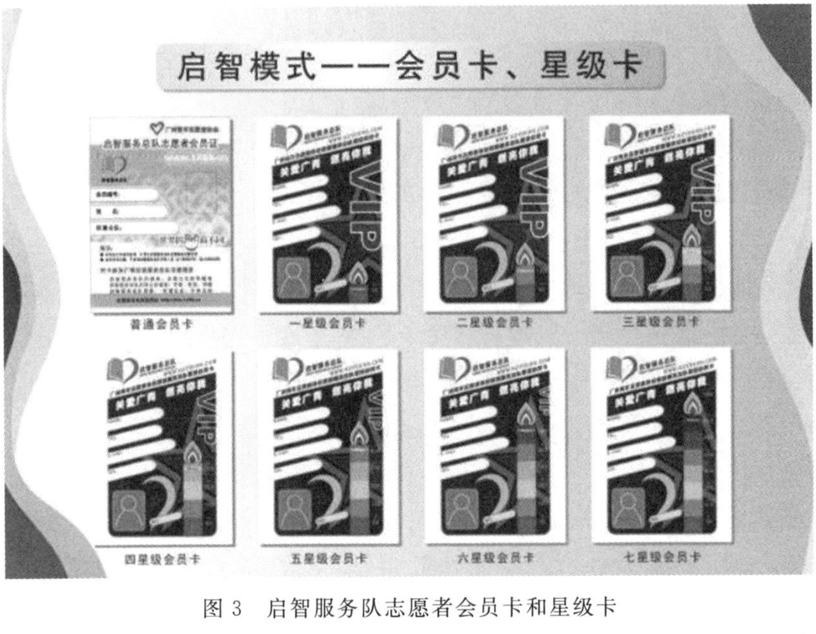

图3　启智服务队志愿者会员卡和星级卡

除此之外，启智服务队在日常激励中还采取志愿服务时数激光标签制度，每次志愿服务后发给服务时数激光标签；对表现优异的志愿者给予星级会员发放星级会员荣誉证书、进行网络论坛授勋、网络论坛认证VIP标识等；每一名志愿者在同一服务点连续坚持参与五次志愿服务，赠送该服务点的“启智之星”纪念徽章。

【思考题】

1. 启智服务队不同阶段的激励机制分别起到了什么效果？

2. 结合案例谈谈激励志愿者一心一意为组织服务的关键在于什么。

◎本章习题

1. 社会组织的人力资源管理有何特点？

2. 什么是志愿者？人们为什么要做志愿者？

3. 试述志愿者管理的特点。

4. 如何招募与甄选志愿者？

第七章　社会组织营销与传播

第一节　社会组织营销管理

一、社会组织营销管理概述

（一）社会组织营销管理概念与特征

社会组织营销管理是指社会组织为了实现自身的使命和目标，通过有效的营销策略和管理手段，与各种利益相关方（包括志愿者、捐助者、合作伙伴等）进行沟通、互动和交换，以促进社会影响力的提升、资源的有效利用和组织可持续发展。社会组织营销管理的特征包括以下几点。

1. 多重目标性

社会组织营销管理的多重目标性意味着社会组织追求的不仅仅是经济效益，还包括社会效益和环境效益等。社会组织通过有效的营销策略和管理手段，既要提高自身的影响力和可持续性，又要实现社会使命。例如，在筹款活动时，除了追求捐款数额的增加，社会组织也注重拓展和维护与捐助者的长期关系，以获取更多的支持和资源。

2. 营销社会性

社会组织营销管理的核心是服务社会和满足社会需求。它不仅关注组织内部的利益，也注重整个社会的利益和福祉。社会组织通过与利益相关方的沟通和互动，了解社会问题和需求，有效地传播社会意识和价值观，鼓励人们参与和支持社会公益事业。例如，社会组织可以通过营销活动来提高公众对某个社会问题的认知，引起社会关注和共鸣，推动社会变革和进步。

3. 服务广泛性

社会组织营销管理的目标是为广泛的受众群体提供服务，满足各方的需求。社会组织通过市场细分、定位和差异化等营销策略，针对不同的受众群体设计和提供个性化的服务。例如，一个关注儿童教育的社会组织可以开展各种教育项目，涵盖不同年龄段和背景的儿童，以满足他们的不同学习需求。

4. 营销道德性

社会组织营销管理注重道德和伦理的原则。它强调诚信、公正和透明，确保营销活动的合法性和道德性，并保障利益相关方的权益。社会组织应该建立透明的账务管理体系，确保捐款资金的合理使用，并及时向捐助者报告资金的运用情况。此外，社会组织还应该遵守相关法律法规和行业标准，不进行误导性宣传或虚假宣传，保持对利益相关方的诚信和尊重。

（二）社会组织与营利组织营销的异同点

1. 社会组织与营利组织营销管理的相同点

（1）品牌建设

无论是社会组织还是营利组织，都需要进行品牌建设以树立良好的形象。通过有效的品牌营销，吸引支持者、志愿者、客户和合作伙伴的参与和支持，从而实现组织的长期发展。

（2）市场定位

无论组织是否以盈利为目标，都需要了解自身的定位和定位目标受众，以便制定相应的营销策略和推广活动，满足受众的需求。

（3）社交媒体营销

社交媒体已成为营销领域不可或缺的一部分，能够为组织提供广泛的曝光和交流渠道。社会组织和营利组织都可以利用社交媒体与受众进行沟通互动，宣传组织理念，传播信息，扩大影响力。

（4）创新营销策略

无论是社会组织还是营利组织，都需要不断地创新营销策略，以适应市场变化和受众需求。创新可以涉及宣传推广形式、活动策划、伙伴关系建立等方面。

2. 社会组织与营利组织营销管理的不同点

(1) 目标导向

社会组织的主要目标是实现社会使命和公益目标，关注社会价值、服务效益和社会进步，其营销策略主要服务于社会公益事业，推动社会变革和进步。而营利组织的主要目标是盈利和市场份额的扩大，关注经济效益和市场利益。营销策略主要服务于产品或服务的销售和市场地位的提升。

(2) 筹资手段

社会组织主要依靠捐款、政府补助、基金会资助等非商业来源的筹款方式来获取资金。而营利组织主要依靠产品销售、服务收费以及股票发行等商业性质的营利手段来获取资金。

(3) 盈利动机

社会组织不以盈利为首要目标，资金的使用主要用于支持组织自身运营和社会公益事业的推进。而营利组织将盈利作为首要目标，企业运营的核心是为了赚取利润和提高股东回报率。

(4) 利益相关方

社会组织的利益相关方主要包括志愿者、受益者、捐助者、社区等，关注的重点在于影响力的扩大和社会问题的解决。而营利组织的利益相关方主要包括消费者、股东、合作伙伴等，关注的重点在于产品或服务的质量、市场份额和盈利能力。

(5) 营销策略

社会组织的营销策略主要注重塑造社会形象、推动社会意识的改变、建立志愿者和社会伙伴网络、提高公众对社会议题的认知和关注度。而营利组织的营销策略主要注重产品定位、市场营销、促销、品牌推广以及销售渠道管理等商业性质的营销活动。

二、社会组织的营销策略

著名营销大师菲利普·科特勒强调，营销中最重要的任务是研究市场，进行市场区分，锁定想要服务的目标市场，并做好市场定位，从而创造出满足市场需要的服务①。针对社会组织而言，营销策略主要包括目标市场分析、目标群体识别和营销工具的选择。

（一）全面进行市场分析

市场分析可以帮助社会组织更好地了解目标市场，评估竞争环境，确定自身的品牌定位，并制定相应的营销策略，以实现组织目标并提升社会影响力。在市场分析的第一步，需要将目标市场进行细分，以便更好地了解目标受众。可以根据受众的特征、需求和行为进行细分，主要包括年龄、性别、地理位置、兴趣爱好、价值观等方面；一旦细分了目标市场，就需要对每个市场进行评估，收集关于每个市场细分的信息，包括该市场细分的规模、增长趋势、竞争情况和潜在机会，可以利用市场调查、竞争分析和趋势研究等工具和方法来收集这些信息。

（二）精准识别目标群体

目标群体是指社会组织所面向的特定人群，即需要该组织提供服务、解决问题或推广理念、价值的人群。这样是为了确保组织的努力和资源能够转化为更好的社会影响力，并更好地实现组织的使命和目标。社会如何做到精准识别目标群体，以下是一些常见的方法：第一，充分了解目标群体的背景、需求和问题。可以通过调研、问卷调查、访谈和分析数据等手段进行，了解目标群体的需求和问题，从而可以更好地制定社会组织的服务、解决方案和推广策略。第二，将目标群体细分，根据不同的特征或问题进行分类，以便更好地了解和服务他们。例如，按年龄、家庭收入、社交地位、健康状况等维度进行细分和定位。第三，利用数字化工具识别目标群体。社交媒体和网络搜索引擎可以帮助社会组织精准地识别目标群体，从而定位解决方案、推广策略和服务方案。

（三）合理选择营销工具

社会组织之所以需要使用营销工具，是为了在实现组织目标和使命的同时，能够提高其社会影响力和知名度，吸引更多的资源和支持者。

① 古小华、吴乐珍、黄波：《非营利组织管理（修订版）》，北京：中国经济出版社 2020 年，第 170 页。

通过采用有效的营销工具，社会组织可以更好地传达其价值主张、吸引目标群体，并获得更多的支持和资源。社会组织选择营销工具应当根据组织特点、目标群体和市场环境等多重因素进行综合考虑。以下是一些常见的营销工具，如举办多样化的活动，发放宣传材料，制作广告，社交媒体营销，建立公众关系，等等。这些营销工具各有其特点和适用对象，社会组织可以针对自身的特点和组织目标选择使用。同时，社会组织在选择营销工具时也应该考虑成本效益、合法合规和可持续性等因素，以获得最佳的宣传效果和收益。

三、社会组织的品牌建设

品牌建设是营销管理的重要内容。“品牌”一词最初来自企业和市场领域，是一种错综复杂的象征，它既具有可见特征，如标识和名称，也具有不可视特征，即文化、价值观、智慧等。品牌是组织提升和维持竞争力的关键。社会组织作为公共利益的促进者、志愿精神和民意的传达者，其常常被赋予比政府和企业更高的期望。随着公共服务市场化和社会化改革的推进，我国社会组织越来越多地承担起政府转移的公共服务职责，也愈发注重自身的公益形象和品牌建设。社会组织的品牌建设指的是以促进社会公共利益为目的，围绕社会组织的使命、愿景及价值观，对自身品牌进行设计、规划和管理的一系列行为举措，旨在与其他社会组织进行区分，增强其资源整合能力，进而促进组织长期目标的实现，创造更大的社会价值。具体来说，社会组织的品牌建设可分为外部与内部两方面。

（一）品牌的外部建设

社会组织的外部品牌是其与外界公众直接互动的方式，是组织公信力和竞争力提升的渠道和表现。通常包括品牌名称、标志、形象、声音和口号等元素，这些元素要做到能够传达组织的目标和特性。例如，环保组织的标志可能是一个绿色的地球图案，代表着对环境的关注和保护，其在所有的宣传资料、网站和活动中都会使用这一标志，便于公众直观感受品牌形象。对于社会组织的外部品牌建设，可以参考以下方法：

1. 构建可视化元素

社会组织的视觉形象是其品牌形象最直观的“外在”表现①。社会组织的外部品牌建设应该包含可视化元素，如标识、标志和标志颜色等。这些元素应该具有视觉上的吸引力和易于辨识性，更重要的是要与组织的核心使命和特性相一致，能够传达组织的品质、精神和情感，体现组织对公众的号召力。

2. 拓展社交媒体和数字渠道

在当今数字化时代，社交媒体和数字渠道是社会组织向外界展示组织形象的重要平台。随着时代的发展，品牌传播的媒介也在不断地发生变化，从纸媒、广播、电视等为代表的传统形式逐渐向以互联网为载体的新型媒介转变。因此，社会组织应紧跟时代步伐，合理利用这些渠道，建立在线社区，分享项目成果和故事，与关注者进行互动，并传播其核心价值和主张。新媒体传播具有很多优势，它不仅可以扩大品牌的知名度，搭建监督平台，提升组织的公信力，还可以突破时空的限制，与社会大众进行互动交流，具有易得性，成本较低②。

3. 学会营销，创造社企双赢

“营销”一词经常被认为是用在营利性组织中的。美国营销学大师菲利普·科特勒认为营销高于推销，企业首先要关注市场中的群众需求，并为之生产，它是一种体现换位思考的主动行为。社会组织管理者可以通过媒体报道、网站推广、口号等方式实现品牌建设。从企业市场营销的目的来看，它主要着眼于实现企业自身利润最大化③。各界普遍认为，如果在慈善组织中涉及营销，就会偏离公益的轨道。因此，社会组织要找对营销对象，把公益理念始终当做营销内容，树立正确的认

---

① 黄光、叶慧玲、周延风、罗文恩：《我国慈善组织品牌导向的维度构建研究》，载《管理学报》2016 年第 13 期。

② 张晓黎：《公益组织传播方式与传播效果研究》，上海外国语大学硕士学位论文，2014 年。

③ 马贵侠：《社会营销视角下公益组织服务项目的运作机理研究》，中国科学技术大学博士学位论文，2016 年。

识，善于利用营销促进自身发展和社会观念的转变。

4. 寻找差异化优势，提升竞争力

确定并积累组织与其他同类组织的差异化“资源”，是建立竞争优势的关键步骤。社会组织想要实现品牌化，则需要深入挖掘自身的特色，提供差异化服务。组织可以通过SWOT分析方法，评估组织的优势、劣势、机会和威胁。社会组织不仅要注重创新和研发，寻找新的解决方案、技术或方法，推动组织在产品、服务或流程方面的创新，还要明确并发展组织的核心竞争力，包括专业知识、技术专长、独特资源或市场地位等。同时，社会组织还要注重品牌建设和声誉管理，建立客户信任和忠诚度。最重要的是组织要致力于提供卓越的公众体验，超越竞争对手的期望，以公众需求为中心，并提供个性化的解决方案和优质的服务，使组织能够在社会中占有一席之地。

案例7-1：世界自然基金会的熊猫会徽①

世界自然基金会（World Wide Fund for Nature，WWF）是世界上最大的从事自然和野生动物保护的国际组织之一，成立于1961年。总部设在瑞士格兰德，该组织在全球范围内设有分部，包括加拿大、法国、澳大利亚、比利时、美国、日本等国家。

世界自然基金会的会徽以大熊猫为主题。这一徽标的灵感来源于一只名叫“姬姬”的雌性大熊猫，它是由真实原型绘制而成。彼得·斯海特是该基金会的创始人，他于1961年正在伦敦动物园访问时，以大熊猫姬姬为范本绘制了徽标的原图。他在当时表示：“我们选择它，是因为它是美丽可爱的濒危物种，它有着吸引人的特质，受到了世界上很多人的喜爱。”

这一标志性的设计展现了一只大熊猫微抬起头，疑惑地望着人类，象征着对自然和野生动物的关切与保护（如图7-2）。这个简洁而有力的标志成为世界自然基金会的象征，传达了对全球生态平衡和自然多样性的关注，同时也强调了人类与自然和谐共存的理念。徽标的变化也标

① “WWF（世界自然基金会）为什么用熊猫做徽标?”，知乎，2016年9月9日，https://www.zhihu.com/question/25330854，访问时间2023年12月19日。

志着该组织的演变与发展，为全球生态保护事业作出了卓越的贡献。

图 7-2　世界自然基金会会徽（图源于 WWF 官网）

【思考题】

世界自然基金会为何选用大熊猫作为会徽？它与组织的品牌建设有何联系？

（二）品牌的内部建设

品牌建设要始终保持内外部一致性。外部一致性则要求不同的传播渠道和合作伙伴在传达社会组织的品牌形象时保持一致的信息和视觉风格。内部一致性意味着组织内部的员工、志愿者和合作伙伴对品牌的理解和传达是一致的。因此，社会组织还要加强品牌的内部建设。

1. 明确组织的使命

使命是社会组织存在的原因和目的，明确组织所坚信的价值观和伦理原则，能够为组织的使命提供基础和指导。想要达到组织品牌的内部建设，还需要将组织文化进行转变，使组织的使命与品牌价值合二为一。此外，还可撰写一份清晰而简洁的组织使命宣言，简洁明了地描述组织的目的、目标受众，以及组织希望在社会中实现的长远影响。同时注意，使命宣言不是一成不变的，随着时间的推移，组织可能需要调整或重新评估自己的使命，定期反思以确保使命与现实环境保持一致。

2. 形成品牌的内部识别

品牌的内部识别离不开对品牌外部形象的战略分析，通过社会大众对品牌的期望与反馈，内部组织成员可以感知内化，并促进工作行为的改变，即从理念转化为行动。最后消费者能够通过组织成员的行动再次真切地感受到社会组织的外在形象，进而形成一个循环往复、环环相扣的过程（如图 7-3）。

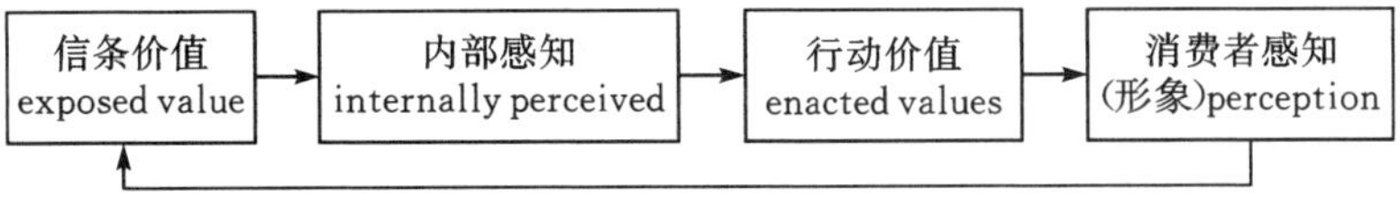

图 7-3　从品牌识别到品牌形象①

3. 定义组织的核心价值观

核心价值观是组织所奉行的基本原则和信念，代表其行为准则和文化。组织成员的感受与行为会受到组织文化的影响，进而促进品牌价值与成员意识紧密相连。组织的核心价值观和品牌价值要相契合，帮助组织内部成员理解、接受并宣传品牌的价值。同时，核心价值观应该贯穿整个组织，并在传播过程中得到准确表达，进而与目标受众产生共鸣，使其愿意与组织一起追求共同的目标。此外，组织内部的核心团队或成员可以进行讨论和对话，分享个人的价值观和信念，有助于了解成员之间的共同价值观，加强组织的凝聚力。

4. 激励内部员工

员工是组织品牌内部建设的关键主体，增强员工激励可以使其在品牌建设过程中积极性提高。激励可分为内外部激励，社会组织中的成员往往以公益服务为目的，因此非物质激励通常更加显著。社会组织在进行品牌建设的过程中可以发动员工参与协商与决策，增强员工对于品牌的理解，只有统一内部员工对于组织使命和价值观的认识，才能使其更加用心地投入到该工作中。

第二节　社会组织公共关系管理

一、公共关系的概念及特征

（一）公共关系的概念

公共关系简称“公关”，来源于英文 public relations，缩写 PR。公

① See Leslie de Chematony, Susan Drury, and Susan Segal-Horn, Identifying and Sustaining Service Brands' Values, Journal of Marketing Communications, 2004, 10(2), pp. 73-93.

共关系是社会组织在日常管理中的一种手段，用以在社会组织和公众之间传播消息，达到双方相互了解与合作的目的。社会组织的公共关系指的是组织与外部公众、利益相关方以及社会大众之间的互动和沟通关系。公共关系旨在建立、维护和促进社会组织与其外部环境之间的良好沟通与合作，以实现组织的目标和使命。这一概念包括广泛的沟通活动，旨在增强社会组织在社会中的形象、声誉和认可度。

（二）公共关系的特征

1. 内外部关系上

内部公共关系指的是社会组织内部成员之间的关系，促进成员之间相互团结、相互合作，建立良好的内部公共关系能够使组织内部凝聚力增强，为外部公共关系活动奠定基础，使组织的竞争力进一步提高。外部公共关系指的是社会组织在日常工作中与外界发生的一切关系的总和，包括社区关系、政府关系、媒介关系等。外部公共关系的良好建立有利于提升社会组织的声誉及形象，提高社会组织的公信力。

2. 目标导向上

社会组织的公共关系是为了实现其组织目标而建立和维护的，可以通过宣传推广、筹款、政策倡导等方式扩大社会组织的影响力，增强组织与公众间的联系，以此提升组织的知名度并维护组织声誉。

3. 交流方式上

公共关系是一种传播手段，有效的公共关系需要建立起社会组织与各种利益相关者之间的双向沟通渠道，包括与政府、媒体、捐助者、志愿者等各方的沟通，做到真诚交流、平等合作，使利益相关者了解组织的各项工作，以获得支持，建立信任和共识。

4. 信任与透明度上

社会组织的公共关系需要建立在信任和透明的基础上。社会组织应通过开放的信息公开、真实的沟通和公正的行为来赢得公众的信任，通过建立“阳光下的社会组织”，拉近与多方利益群体之间的距离。

5. 公关活动准备上

公共关系活动的建设应该是一个长期的过程，社会组织的公关部门需要制定长远战略，在平时的工作中需要时刻关注公关环境并持续输出正面宣传，维持良好的公众关系。此外，公关工作应该不仅仅是事后的补救，还应做到事前的预防，使组织在发生危机时，能够迅速化解，维护组织形象。

二、公共关系的职能

（一）建立与维护关系

公共关系部门负责与各种利益相关者建立和维护积极的关系，包括政府机构、媒体、捐助者、志愿者、社会团体等。他们与媒体保持积极的合作关系，负责与媒体进行接触、提供新闻稿、组织媒体活动等，促进正面的媒体报道和宣传，同时应对负面报道和舆情危机。

（二）收集与传递信息

公共关系部门不仅要向外界的利益相关者收集、整理和分析信息，以了解他们的需求和期望，把握舆情动向，为组织制定有效的沟通和合作策略，还要负责执行外部沟通活动，包括出版物、新闻稿件、社交媒体、网站等，以向外界传达组织的使命、价值观、成果和重要信息。此外，还要解释和回应外界对组织的关切和疑问。

（三）参与政府事务

参与政府事务是社会组织公关部门与政府机构之间的桥梁，通过合作、沟通和参与政策制定，推动组织的利益在政策和法律中得到保护。包括建立关系、提供意见、监测政策变化和与决策者沟通，旨在维护组织的声誉、形象和影响力。通过有效参与政府活动，公关部门能够为组织创造有利的政治和法律环境，提高其在公众和政府中的地位。

（四）危机管理与形象维护

危机管理与形象维护是公关部门的重要职能之一，其目标是有效应对潜在的危机事件，减少负面影响，并维护组织的声誉和形象。这包括制定应急预案，迅速做出反应并采取适当的措施来化解危机，与媒体和利益相关者进行沟通与协调，恢复公众信任，并通过积极的形象维护策略来塑造和传递正面的组织形象，增强公众对组织的信心和认可。

三、公共关系的传播

（一）公共关系传播概述

公共关系传播是组织与公众之间相互了解的过程，它涉及一系列交流和互动活动，旨在建立、维护和增强良好的关系。公共关系传播利用各种传播渠道和策略，以有效传达信息、塑造形象、促进理解、解决问题和管理冲突，从而提高组织、个人或品牌在公众心目中的声誉和信誉。同时，公共关系传播也要求组织向公众提供透明、可靠和有价值的信息，以赢得和保持利益相关者的信任和支持。

公共关系传播对以下方面具有一定要求。

1．对传播信息的要求

（1）准确性和真实性。传播的信息应当是准确且真实的，避免夸大事实或引起误解。不断核实信息的来源和准确性非常重要。

（2）清晰性和简明性。传播的信息应当简洁明了，易于理解和消化。使用简明扼要的语言，避免使用过于专业化或复杂的术语。

（3）目标一致性。传播的信息应当与组织的价值观和目标一致，传递统一的信息，避免产生矛盾或混淆信息的情况。

2．对受众群体的选择

（1）定位目标受众。分析和了解目标受众的特征、需求和利益，以便确定传播策略。这包括了解他们的年龄、性别、地理位置、文化背景、兴趣等因素。

（2）个性化传播。根据受众的特点和需求，分别制定个性化的传播策略和信息。不同的受众群体可能需要接收不同类型和形式的信息。

3．对传播时机的把握

（1）了解受众的行为模式。研究受众的活动和行为模式，确定哪个时间段或季节是他们最容易接收信息的，例如可以根据特定行业领域的展会或活动来确定时机。

（2）敏锐的市场观察。关注当前时事和热门话题，选择符合时代发展潮流的时机进行传播。与时俱进并紧跟时代变化，有助于提高信息的可见性和共鸣度。

4. 对传播工具的选取

（1）传统工具主要包括印刷媒体、电视广播、宣传册和海报以及新闻发布会等等，这些媒体在传播信息时具有广泛的覆盖面和影响力，可以吸引目标受众的注意。新闻发布会中有媒体和记者参与，能够传达重要消息。

（2）新兴工具主要包括社交媒体、短视频平台、公众号和个人网站等等。如微博、微信公众号、抖音等，通过这些平台，组织可以发布吸引人的视频内容，与目标受众进行直接的互动和信息传递，迅速传播并赢得观众的关注，公众号还可以达到长期有效的信息传播。

5. 对传播效果的评估

（1）监测舆情。通过舆情监测工具和技术，实时了解公众对所传播信息的反应和意见。这可以帮助组织针对性地调整传播策略和改进传播内容。

（2）评估传播指标。通过定量和定性的方法，如调查问卷、访谈、焦点小组讨论等，评估传播效果，这涉及了解受众的信息理解程度、态度和行为变化。

（二）公共关系传播措施

1. 个人层面

在个人层面，人与人之间的信息交流是生活中必不可少的存在。任何人都离不开与他人的互动，在彼此交流的过程中，人们可以传达知识、意见、愿景和价值观等信息，进而形成以人为核心的关系网。社会组织在个人层面的公共关系传播可以分为内部传播和外部传播两种，内部传播指的是组织内部的成员在日常工作中相互学习与交流的过程。在内部传播中，社会组织可以对公关人员就行为、礼仪、语言艺术等方面进行培训，使员工形成对组织的归属感，成为维护组织品牌的形象大使。在外部传播中，尤其是组织刚成立或者是与利益相关者进行合作时，人际传播是必不可少的。组织中的公关人员会和专家学者、新闻记者、政府部门进行沟通，听取意见并寻求支持，提高自己的声誉。

2. 组织层面

在组织层面，公共关系传播可以分为组织内部的传播，即组织与其成员之间的传播，以及组织间传播，即组织与其他社会组织或企业之间进行交流的行为。公共关系传播不仅有利于密切成员间的关系，还能够时刻关注外界环境的变化，提升组织的竞争力。该传播的主体是社会组织，目的是提高工作效率，其形式可以分为正式传播和非正式传播，正式传播又可以分为纵向传播和横向传播，非正式传播相对正式传播而言，更加自由和平等，能够营造良好的组织氛围。同时组织传播的手段并不是单一的，而是多种方式综合的结果。

3. 媒介层面

在媒介层面，公共关系的传播可以运用传统媒介和新媒介。传统媒介可分为纸质媒介和电子媒介。报纸是大众传媒中最重要的媒介之一，主要刊登国内外新闻消息，具有形式规范、发行周期短、内容大众化、读者相对稳定以及复制成本低等特点。杂志相对于报纸虽然也是纸质媒介，但是其特点与报纸相异，如内容较细、发行周期长、可收藏等。传统的电子媒介包括电视、广播等，主要通过视觉、听觉向公众传达消息，具有传播速度快、范围广、生动形象等特点。除了传统媒介，随着社会的发展，出现了一些新兴媒介，即网络媒介，如微博、微信公众号、短视频等多种形式。这种媒介基于数字信息技术，以网络为主要传播渠道并不断向外拓展。

4. 文创层面

在文创层面，前述已及，社会组织需要建设自身的品牌形象，那么在传播品牌形象的过程中可以创造一些产品，打造文化 IP，通过组织产品、象征物等文创产品传达组织的使命、愿景和价值观，以达到塑造组织形象的目的。组织产品包括品牌、标识、质量、广告宣传、活动信息等。象征物是反映组织文化及内涵的重要载体，可以制作成任何形状，小到个人的装饰物，大到城市的标志性建筑等。除此之外，社会组织可以准备一些用于公关的礼品，比如具有当地特色的纪念品、可以代表组织特色的小物品等等。需要注意的是礼品万不可贵重，达到“礼轻情意重”的效果即可。

（三）公共关系危机管理

公共关系危机管理是面临突发事件、紧急情况或潜在危机时，组织与利益相关方之间有效沟通的过程和策略。它涵盖了危机发生前、发生期间和发生之后的管理措施，旨在通过适当的沟通处理，降低负面影响，保护组织的声誉和利益。大量的营利性组织在发展过程中经常会遇到声誉危机，更严重者则会走投无路，因此社会组织必须要加强危机管理意识，不仅要学会如何预防危机，还要关注危机沟通的关键要素和策略。

1. 建立专业的危机管理团队

社会组织应该组建一支专业的危机管理团队，成员包括具备危机管理和沟通技巧的专业人员。这个团队负责制定和执行危机沟通策略，能够迅速响应危机情况，并有效地进行危机管理和沟通工作。

2. 制定明确的危机沟通策略

社会组织需要在危机发生前制定明确的危机沟通策略。这包括明确的沟通目标，例如保护组织声誉、恢复公众信任等；针对不同利益相关方制定具体的沟通策略，了解他们的需求、关切和期望；制定危机信息管理和传播的具体措施，确保信息的准确性和及时性。

3. 及时、准确、透明地传递信息

在危机发生后，社会组织需要及时向公众和利益相关方传递准确的信息。这意味着要尽可能快地发布危机情况、原因、影响以及后续处理措施等信息。信息的准确性和透明度是关键，社会组织应该避免敷衍搪塞、隐瞒真相，以免加剧信任危机。

4. 建立多渠道和双向沟通机制

社会组织应该建立多种沟通渠道，例如媒体、社交媒体、官方网站等，以便及时向公众传递信息。同时，也要建立良好的双向沟通机制，倾听公众和利益相关方的声音，及时回应他们的关切和建议。这种双向沟通可以建立更好的互动和理解，增强危机管理的效果。

第三节　社会组织社交媒体应用

一、社会组织社交媒体现状

（一）社会组织社交媒体的发展历程

社交媒体在社会组织中的应用已经历了多年的发展。随着社交媒体功能的不断完善，社会组织在社交媒体上的应用也逐渐发展成为一个更加复杂和多元化的流程。由最初的信息传递到今天的销售和客户服务、品牌打造和客户服务等方面。这些进步为社会组织提供了更多的机会和工具来与支持者建立信任能力和关系，并满足不同层面的需求。具体分为以下四个阶段。

(1) 2000 年以前：在这个阶段，社会组织尝试运用互联网技术来进行交流、信息发布和社群建设。然而，这时社交媒体的概念还未形成，网络社区和公共论坛是主要的在线交流平台。

(2) 社交网络阶段（2000 年至 2006 年）：2002 年，社交网络网站纷纷出现，为社会组织提供了一个新的互动平台。社会组织可以通过这些社交网站来建立在线会员社区，分享信息、观点和经历，进行线上或线下的集体活动。

(3) 社交媒体平台阶段（2006 年至 2010 年）：2006 年，各种社交媒体平台出现。新兴平台提供了一个更加开放、实时和互动的社交媒体运用方式。社会组织可以通过这些平台和自己的粉丝、支持者或利益相关方直接互动和交流，实现传播名声和品牌、商业拓展、筹款和公共活动等目标。

(4) 移动互联网时代（2010 年至今）：随着移动互联网的普及和发展，社交媒体可以通过各种移动应用、微信小程序等方式嵌入用户的移动设备中。社会组织可以通过这些应用和平台更加灵活地与利益相关方互动，实时地分享信息和收集反馈，提供优质的服务和支持。

总之，社交媒体应用在社会组织中的历程不断地推陈出新，在传播和运营方面也逐渐趋于完善和专业化。社会组织可以根据自身的目标和需求，选取最适合自己的社交媒体平台和策略，更好地实现组织发展和社会价值的实现。

（二）现代社会组织对社会媒体的应用

当社会组织利用社交媒体扩大组织影响力时，社会组织应在社交媒体平台上分享具有吸引力和有益价值的内容，如组织介绍、案例分析、故事分享和专业观点等，这些内容应能够引起受众的兴趣，并与组织的使命和价值观建立联系。鼓励互动和参与是建立有效社交媒体影响力的关键，社会组织可以利用社交媒体平台的互动功能，与关注者建立真实的连接。通过提出问答、调查投票等互动方式，鼓励关注者提供反馈、参与讨论，以增加用户参与度和组织话题的讨论度。

选择适合的社交媒体平台以及相关工具也至关重要。社会组织应根据其特点和目标受众的所属群体，选择适合的社交媒体平台，例如微信、微博等。此外，利用社交媒体提供的分析工具，了解访问量、受众特征等信息，帮助组织进行优化和策划，做到针对目标受众发布个性化内容，以吸引目标受众的关注，提高受众的参与度和转化率。

社会组织可以与合作伙伴和影响者合作，通过联合其他组织、引进业内专家等方式，共同推动主题的形成和知名度的提高，从而扩大组织的影响力。合作伙伴和影响者的合作可以增加组织的曝光度和社会认可度。除此之外，关注社交媒体上的热门话题也是重要的策略之一。社交媒体是人们聚焦时事热点和话题的地方，社会组织应及时关注并积极参与讨论，展示组织的专业知识和关心，并促进组织的曝光度和声誉的提升。

二、社交媒体策略制定

（一）选取合适平台

选择适合的社交媒体平台可以提高组织的认可度、影响力和管理效率。通过选取优秀的平台推广活动和事业，组织能够更好地解决社会问题，推动公益事业的发展，使更多人获益于各项社会公益活动。社交媒体平台具有不同的用户基础和受众，通过选取目标受众最密集的平台，可以最大限度地提高组织传播的效果和影响力，吸引潜在志愿者和支持者的参与和支持。此外，还需要注意各个平台之间的互动和协调，以确保各活动有账号记载和跟踪数据及反馈，从而进行优化和推进。

社会组织应该考虑自己的客户群体，并选择该群体最经常使用的社交媒体平台。例如，年轻人可能更倾向于以个人为中心的平台如抖音，而企业雇主的目标受众可能更多地使用钉钉。不同的社交媒体平台有不同的特征和功能，适用于不同类型的活动和目标。例如，图像和视频分享的平台如抖音、今日头条等适合用于展示组织的故事，钉钉、领英则适合用于展示组织专业的服务及人力储备等。平台的用户数量和增长趋势能够反映组织在该平台上的影响范围，因此组织可以选择在使用量较高和用户数量大的平台上发布内容，以最大化曝光。

（二）创建媒体内容

创建合适、丰富和多样的媒体内容需要组织具备创意、敏感度和对目标受众的深入了解。同时，使用各种社交媒体工具和平台可以提供相关的功能和创作工具，以帮助组织更好地创建和管理多样的内容。组织可以利用平台上的编辑工具、多媒体制作软件、数据分析等工具，提高内容质量和效果，并根据数据回顾和用户反馈进行调整和优化。

社会组织社交内容的创建需要关注以下几个部分：认识目标受众。这意味着社会组织需要对受众进行研究，并了解他们关注的话题、喜欢的内容形式和与组织使命相关的主题；构建多样化的内容类型。如文本、图像、视频、音频等，调动受众群体的感官，做到更深入地传达信息，这种创建方式可以帮助组织更富创意地表达自己的故事和价值观；选取有吸引力的标题。制作内容时，构建有趣、引人入胜且相得益彰的标题和摘要，可以提高用户的关注度和点击率；原创和独特性。创造原创的内容，并在其中体现组织的独特性和价值观，可以与竞争环境中的其他组织区别开来；用户参与和互动。鼓励关注者直接参与组织的工作，将他们从关注者转变为积极参与者，并保持稳定的更新和交流，对关注者的问题做出及时回应，建立与关注者的良好沟通和互动，维系长期的关系和忠诚度。

（三）确定发布时间

确定发布社交内容的时间需要综合考虑目标受众在线时间、热门话题和事件、数据分析和实验，以及持续性的发布策略。这样不仅可以提高内容的曝光率，让更多的人有机会看到和参与组织的内容，还可以提高用户参与度，提升互动效果，从而增强组织在社交媒体平台上的影响力和参与度。

具体而言，确定社会组织发布社交内容的时间需要考虑以下特征，以便确保最佳的发布效果。第一，了解目标受众在线时间。根据受众群体的行为习惯和使用模式，确定他们在何时最有可能在线并浏览内容；

这样发布可以增加内容被看到和参与的机会。第二，确定高流量时间段。即用户活动和参与度较高的时间。这些时间段一般是社交媒体平台上的繁忙时刻，发布内容可以更容易地吸引用户的关注和参与。第三，关注热门话题、趋势和最新事件的发布时间。这样可以增加内容的曝光度和传播效果。如果组织的内容与当前热门话题相关，则选择在关注度最高的时刻发布可以提高关注度、曝光率和用户参与度。

三、社交媒体应用效果评估

社交媒体活动的好坏对于社会组织有着明显的影响，通过有效的社交媒体活动，可以其增加曝光度和知名度。如果社交媒体活动得到积极回应并引起关注，社会组织的声誉和形象也会得到提升，从而吸引更多人关注和支持。良好的社交媒体互动可以帮助社会组织吸引志愿者、集结支持者，激发群体参与和动员的效果，让更多人融入组织的事业中。此外，社交媒体活动还是社会组织筹款和资源获取的重要渠道之一，通过有效地传达组织的使命和价值观，社交媒体活动可以吸引潜在的捐赠者和赞助商，增加筹款和获得资源的机会，为组织发展提供保障，促进组织的可持续发展。因此，测量社交媒体活动的效果是评估活动、了解其影响和价值的重要手段。以下是一些常用的测量指标和方法。

（一）曝光和影响力指标

测量社交媒体活动的曝光和影响力可以通过以下指标来衡量：(1) 点击率和浏览量。测量帖子、链接或广告的点击次数和页面浏览量。(2) 受众覆盖。评估社交媒体活动所能达到的用户人数或受众规模。(3) 受众参与。观察活动引发的互动，如点赞、评论、分享和转发等。

（二）参与度指标

测量社交媒体活动的参与度可以通过以下指标来衡量：(1) 参与率。计算社交媒体活动的总参与次数除以曝光次数的比例。(2) 点赞、评论和分享次数。观察用户对活动的回应，包括点赞、评论和分享次数。(3) 活动参与度。评估活动的转化率、填写表单的数量或其他参与活动的指标。

（三）受众反馈和观点

收集受众的反馈和观点可以了解他们对社交媒体活动的看法和满意度，可以通过以下方法来实现：（1）调查问卷。设计并发送匿名调查问卷，收集受众对社交媒体活动的意见和建议。（2）用户评论和反馈。分析用户在社交媒体平台上的评论和反馈，了解用户的观点和反应。（3）关键词分析。通过分析与活动相关的关键词在社交媒体上的频率和情感倾向，了解用户对活动的态度。

（四）网站流量和转化

社交媒体活动的目标之一是推动流量和转化到组织的官方网站。以下指标用于衡量这方面的效果：（1）网站流量。分析社交媒体活动带来的网站访问量和页面浏览量。（2）转化率。评估社交媒体活动导致的转化，如注册、购买、捐款等行为的比例。

案例 7-2："大爱清尘"的媒体策略①

"大爱清尘"是由知名调查记者王克勤创立的慈善基金项目，其社会声誉在项目的建立和发展中扮演着重要角色。始于 2011 年 6 月 15 日的"大爱清尘·寻救中国尘肺病农民兄弟大行动"是王克勤联合中华社会救助基金会共同发起的，旨在专项救助中国数百万尘肺病农民，并致力于推动预防和最终消灭尘肺病的公益基金。"大爱清尘"的母体机构中华社会救助基金会是民政部直接管辖的全国性慈善非政府组织。作为一个本土慈善机构，"大爱清尘"的使命是为患有尘肺病的农民工提供救助。"大爱清尘"的建立和发展过程恰逢中国本土社交媒体发展的关键时期。王克勤曾在一次演讲中明确指出，"没有微博就没有大爱清尘这样的草根慈善组织的成功发展"。该组织已经建立起了一个以微博等社交媒体平台为核心的全国性信息传播网络，并辅之以微信、官方网站、淘宝公益店、传统媒体等各种传播平台。

"大爱清尘"采取明星传播策略，利用与明星或知名公众人物的联

① 黄典林：《社交媒体与中国草根慈善组织的合法化传播策略——以"大爱清尘"为例》，载《国际新闻界》2017 年第 39 期。

系来吸引媒体和公众的注意力，提高尘肺病议题和机构自身的公共可见度和影响力。常见的做法是邀请明星人物参与大爱清尘的慈善活动中。例如，著名影视明星陈某与“大爱清尘”建立了长期的支持关系。在2011年开始实施的向尘肺病患者捐赠制氧机的活动中，陈某等人都直接参与，并带头捐赠制氧机。2015年7月，女演员袁某加入“大爱清尘”在陕西省的乡村尘肺病家庭调查活动，并成为活跃的“大爱清尘”志愿者。她通过官方微博账号发布参与慈善活动的所见所闻，吸引了公众和媒体的高度关注。在响应政府所提倡的创造“正能量”的语境下，袁某的参与被广泛定义为一个正面积极的公众人物范本，成功吸引了地方和中央级官方媒体的关注。她在陕西和湖北的活动受到新华社的报道和人民网的转发。

从2015年11月开始，“大爱清尘”利用了“青橙在行动”的主题标签口号，并要求全部微博账号都使用这一标签来突出与“大爱清尘”组织的救助活动相关的帖子，提高尘肺病相关议题在微博上的热度，促使公众对这一问题保持持续关注。作为这项计划的一个组成部分，“大爱清尘”还设计了青橙卡通形象，并要求所有志愿者的账号头像换成这一形象，从而统一视觉形象，提高传播影响力和组织的视觉识别度。

通过这些媒介策略，“大爱清尘”利用社交媒体平台向公众传播尘肺病问题的严重性、救助活动的实施以及政策议程的推进等议题相关信息，将自身塑造为边缘农民工群体的代言人；同时，通过与官方大众媒体的合作，把组织定义为国家的分忧者和社会难题的解决者，成功建构了自身的社会和政治合法性。

【思考题】

“大爱清尘”是如何运用社交媒体进行信息传播的？达到了怎样的效果？

四、社交媒体社群

（一）社群的概念

社群的概念源于社会学和人类学研究，是对社会关系和互动进行研究和理论上的探讨，通常被认为是从社会学家弗迪南德·特恩斯坦所提出的“社会共同体”（Gemeinschaft）和“社会协会”（Gesellschaft）概念中发展而来的。特恩斯坦在研究社会关系和社会秩序时，提出了这两种社会类型的概念。其中“社会共同体”指的是一种基于亲属、地缘、文化共同体等因素的社会结构，强调人们之间紧密的关系和内在的联系；而“社会协会”则是一种基于契约、法规、合同等因素的社会结构，强调人们之间理性的合作和自由的关系。社群的概念在这两种社会类型中均有所体现，它采用了“社会共同体”的类似概念，强调了成员之间共同的权益、关系和认同。

随着社会学、人类学、心理学、计算机科学、网络科学等学科的发展，社群的概念也越来越广泛地应用到不同领域和范畴。在互联网时代，社交媒体的出现更强调了社群的重要性。社交媒体平台可以让人们快速地建立自己的社群，将虚拟社交转化为现实社交，为人们提供了更多的社交和互动机会。

通过建立社群，社会组织可以提供更好的归属感、社交支持和互动机会，促进资源共享和协作，增强组织成员的参与度和满意度。社群有助于组织成员的个人发展和职业发展，同时也能够提高组织的影响力、公众认同和声誉。

（二）社群的建立

社会组织可以利用社交媒体建立社群。首先社交媒体为社会组织提供了一个广阔而互动的平台，从而吸引更多人参与并关注其活动和事业。其次，社交媒体提供了即时的沟通和信息传递渠道，使得组织能够更快速地与成员进行交流，分享资源和知识。此外，通过社交媒体建立社群还可以帮助组织扩大影响力和提高曝光度，通过分享内容和吸引新成员的参与，进一步推动组织的发展和目标的实现。最重要的是，一个互动和共享的社群空间，能够激发成员之间的合作和互助，促进信息传递和共享，提升组织的凝聚力和影响力。社会组织在建立社群的过程中需要关注以下几点：选取合适的载体作为社群沟通交流的平台；创建社群文化，提高组织成员的归属感；制定相应的规章制度，对社群成员进行规范。

1. 选择合适的社交媒体平台

在开始社交媒体活动之前，社会组织应该明确组织的目标和定位，确定目标受众，并制定相应的社交媒体营销策略，选取合适的社交媒体平台为成员提供沟通交流的机会。目前，社会组织可以采取组织网站、微信公众号、短视频平台等形式作为载体。网站社群的优势在于可以容纳不同板块的内容，成员可以根据自己的兴趣搜索不同的信息，劣势在于成员之间的联系较弱，互动率低。由于微信是当前国内使用度极高的社交媒体，因此微信社群的用户在线时间长，活跃度相对较高，但是对成员的管理较难。短视频平台如抖音等，可以调动成员的感官，利用视觉和听觉吸引用户的注意，并传达组织的消息，但是信息相对碎片化，难以让成员对组织形成整体的认识。因此，社会组织可以根据自身特点选取合适的社交媒体平台以扩大自身影响力。

2. 创建和谐的社群文化

和谐的社群文化能够使其保持长期活跃的状态，增强社群成员之间的向心力，使社群管理变得简单。在互联网时代，社会组织要以平等、开放、合作、共享的理念建立社群，给公众留下深刻的印象。社群文化是社群运营的基础，由三个要素构成：社群价值观、社群目标和社群规范[①]（如图 7-4）。

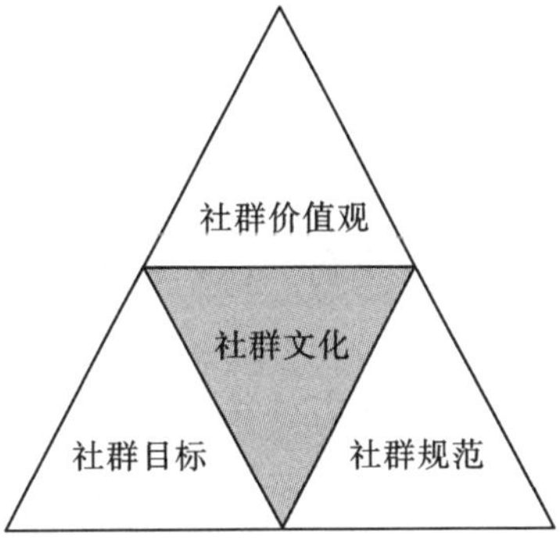

图 7-4　在线品牌社群的社群文化

（1）社群价值观

社群能够利用网络突破时空的限制，每个人都可以自由地表达观点和意见，并在网络上寻求与其具有共同价值观和目标的群体，构建社

① 陈慧，杨宁，陈艳军：《在线品牌社群：移动互联网时代价值共创新载体》，北京：人民邮电出版社，2020 年，第 56—59 页。

群。价值观是加入社群的标准，没有共同的价值观很难创造出更大的社会价值。因此，社会组织不能只求人数的多寡，而应严格考察成员的价值观，在明确自身使命、愿景和价值观的基础上，邀请社会上志同道合的群体加入组织，公众也可以根据自己的喜好与信仰积极参与，达成社会组织与公众之间的“双向奔赴”。

（2）社群目标

社会组织建立社群是为了实现一定的组织目标，明确的目标能够通过社群行为带来利益的聚合。共同的价值观可以拉进成员之间的关系，共同的目标能够靠共同价值观的驱动使成员在实现自身价值的基础上为组织目标的实现做出贡献，实现个人与组织的“相互赋能”。

（3）社群规范

俗话说“不以规矩，不成方圆”，社群通常被认为具有自组织性，原因在于社群成员的自治。自治不仅要靠成员之间共同的价值观来维持，还需要一定的纪律规范。社群成员越多，管理起来就越复杂。社群成员之间由于地域不同、背景不同会形成不同的利益诉求，因此，任何社群想要长久稳定地走下去，必须制定一套基于共同信仰的完备的管理体系来规范成员的言论和行为。

3. 制定规范的管理制度

社会组织建立社群的过程中需要制定规范的管理制度将不同空间、不同背景和不同阶层的成员聚集在一起，并形成一个牢固的社会交流网络，通过适当的制度约束，增强社群成员的组织认同和责任意识。一方面，社会组织在社群成员加入前需详细审查以保证社群成员与社会组织具有共同的价值观，随后，可以通过成员的社群参与度、意见反馈和积极响应度来规范成员的行为，提高社群的活跃度，促进社群的持续稳定发展。另一方面，制度约束可以提高成员的责任感，确保其行为规范，使成员与组织成为“生命共同体”，激发成员的主动性，为社群的发展建言献策。

总之，社会组织的营销与传播需要综合利用品牌建设与营销策略、公共关系与媒体传播等多种手段来提升组织的品牌形象和影响力，以吸引更多关注和支持，促进社会组织的可持续发展。

◎本章习题

1. 社会组织营销与企业营销有何异同？为什么？

2. 社会组织的营销策略有哪些？策略之间是否可以组合？

3. 社会组织公共关系管理的内容有哪些？

4. 社会组织如何运用社交媒体进行营销？

实际运作篇

第八章　社会组织与公益项目运作

第一节　公益项目运作流程框架

一、公益项目策划

（一）公益项目的概念

公益项目是指以社会效益为宗旨，一系列相互联系并相互作用的，为实现一个或几个特定目标的，有一定经费预算的，在特定的期限内完成的活动或工作[①]。目前，我国较为知名的公益项目主要由中国青年志愿者协会、中国青基会等组织开展。其公益项目活动内容主要包括社区服务、环境保护、支教助学、社会援助、治安防范、青年服务、慈善、社团活动、专业服务、文化艺术活动、国际合作等方面。由于这些公益项目针对不同的领域与特定的服务对象，有明确而独特的社会公益目的，且活动内容具有非重复性，因而我们把它们称为公益项目[②]。

（二）公益项目策划的步骤

项目策划不仅告诉我们工作如何做，而且也是制定决策的一种工具。一个完整的策划会清楚地说明将做什么，如何去做，由谁来做，在何时做，在什么地方做，需要什么资源。项目策划同时也要告诉人们，项目完成和成功必须满足哪些标准。公益活动项目的策划一般包括以下步骤：

---

① 徐本亮：《社会组织管理精要十五讲修订版》，上海：上海社会科学院出版社，2021年，第77页。

② 唐亚阳：《公益创业学概论》，长沙：湖南大学出版社，2009年，第284页。

1. 调查分析资料

这一阶段的工作是为公益策划所做的准备。大量事实证明，在现代社会激烈的竞争中，把握先机、合理谋划是成功的开端。那么，调查与分析就是活动策划的第一步，也是非常关键的一步，主要是了解目前相关的项目状况、社会环境，明晰目前的公益服务需求。如果少了这一过程，那么之后的策划、实施甚至评估都可能犯方向性的错误。

2. 界定项目范围、确定项目目标

在了解了公众需求以及有了好的项目创意后，接下来要做的则是界定项目的范围，即划定哪些方面是属于项目应该做的，而哪些方面是不应该包括在项目之内的。正确地界定项目范围非常重要，如果项目的范围确定得不好，有可能最终造成项目费用的提高、意外变更、延长项目完成时间、降低效率、影响项目志愿者与工作人员的干劲，进而影响项目目标和主要可交付成果的确定。

每个好的项目都需要回答以下五个问题：

（1）需要处理的问题或机会是什么？

（2）项目的目标是什么？

（3）为完成项目目标需要达成哪些关键成果？

（4）如何断定项目已经成功？

（5）是否存在影响项目成功的假设、风险或障碍？

3. 确定项目的可行性

对于公益项目创意，在实施之前我们首先要做一个评估，看它是否能够满足时间上的要求，或者是否远远超出了成本，或者能否达到目标、解决问题。如果在最初的估算中，它看起来并不是一个成功的活动项目，那么它就无法得到各方的支持，也就不能得以顺利实施。

衡量一个志愿公益项目能否成功，主要有以下五个标准：

（1）时间——活动能否按时完成。

（2）成本——活动有没有超过预算成本。

（3）范围——活动是否达到了预期志愿服务的目标或目标群。

（4）质量——活动多大程度上达到了公益活动主体和客体的期望。

（5）资源——活动是否妥善利用了内部和外部的资源。

4. 制订、修改项目策划方案

完成项目的可行性评估后，就需要制定一份项目建议书，这份建议书可以是书面形式，也可以是口头陈述的形式。项目的建议书分两个部分：一为项目的方案，包括项目目标、可行性分析以及项目摘要；二为项目的执行计划，需列出项目下一阶段的任务，制定一个暂时的阶段进度，建立志愿服务项目的工作分解结构，有助于全面地了解志愿服务项目所涉及的工作，确定工作内容。

二、公益项目实施

一个项目的完成往往需要组织外的人力资源，由于某些项目通常只持续一段时间，因此那些社会组织的管理者不会为了一个特定项目而聘用大量员工，因此，招募志愿者便成了公益项目实施中的重要环节。公益项目实施中的志愿者招募主要包括三个部分：

第一，公益项目实施中志愿者工作描述。所谓工作描述是指对某一项目中志愿者所要服务的岗位及这些岗位所要从事的工作进行一系列描述，包括工作的名称，需要承担的义务，与岗位相关的酬劳安排，与活动管理组织内外其他岗位的关系以及岗位所需的资格，比如技能、知识、经验、个人态度等。

第二，志愿者招募。志愿者招募是为了吸引潜在的、合适工作岗位的志愿者。招募的主要类型主要有社会招募与学校招募。前者有范围广、影响大、招募人数众多等优点，但也存在鱼龙混杂、招募成本高昂、培训难度大等诸多弊端，这些不足可以通过学校的招募得以补充。

第三，人员培训。对于较为复杂的工作，还需要对志愿者进行专项的培训。这样既有利于志愿者专业技能的提高，也有利于组织工作效率的提高。对于普通岗位与专业岗位的志愿者，要进行不同的培训，按照岗位的需求划分，志愿者分为专业的和非专业两种。专业的志愿者，包括媒体运行、医药卫生、翻译、设计等特殊岗位志愿者等。

除了招募志愿者之外，还要制定公益项目实施计划，考虑公益项目实施的时间、地点、服务对象以及其中存在的风险及应对预案等，确保项目能顺利开展。具体的项目实施环节我们将在后面的案例部分详细说明。

三、公益项目监控

我们面对的问题不仅仅限于自然变数和潜在的偏差。每个项目都会出现无法预知的问题，总有意外会发生。这时就要靠项目负责人想办法，让项目回到正轨上来。因此，项目负责人必须对照项目计划、预算、质量目标和验收标准检查执行情况，提前解决潜在问题，将问题扼杀在萌芽状态[①]。

项目监控是跟踪、审查和报告项目进展，以实现项目管理计划中确定的绩效目标的过程，在项目整合管理中至关重要。它的主要作用是让干系人了解项目的当前状态，已采取的步骤，以及对预算、进度和范围的预测，确保项目整合管理的顺利实施[②]。

项目负责人应定期做项目进展报告，将各项监控的结果记录在项目进展报告里，使项目主管部门及项目组成员及时了解项目的真实进展状况。项目监控包括以下三个方面的主要内容。

（1）任务进度监控。主要工作是记录任务的实际开始时间与实际结束时间、实际的工作量及工作成果等信息，以判断该任务是否正常执行。对于进度延误的任务，项目负责人应和任务责任人沟通，找出延误的原因，适当修改原有的计划或者要求责任人加紧完成进度。

（2）项目开支监控。主要目的是将项目的实际开支控制在预算范围之内。记录所有的项目开支，与计划中的开支项进行对比，看是否超出原预算。若有较大的赤字，则要找出具体的费用超出项，分析原因，并采取相应的措施。

（3）人员表现监控。项目负责人应在平时记录项目组每个成员的表现，对表现突出的成员进行表扬和肯定，对表现不好的成员应提出批评，并要求其立即改正态度。项目负责人应该主动去找他们了解具体的情况，询问他们是否遇到什么困难，或是有什么想法，及时地帮助他们

① ［美］保罗·J·菲尔丁：《一本书读懂项目管理》，郑晓梅、宗欣瑜译，北京：中国青年出版社，2022年，第224—226页。

② 何清华、杨德磊：《项目管理（第2版）》，上海：同济大学出版社，2019年，第151—152页。

排除疑难，使所有成员能把全部的精力放到项目上来，使得项目能按预定轨道前进。

四、公益项目评估

（一）公益项目评估主体

一般而言，项目评估的动力来自两个方面，一是来自外部，二是来自内部。外部的动力主要来源于捐赠者，特别是大额的捐赠者希望通过评估对项目的实施情况进行监督；而内部的动力主要来自公益组织自身，社会组织希望通过评估对社会有个交代，从而树立组织的形象，通过评估进一步改进和完善项目工作，达到项目设计的目标。

事实上，根据评估者的来源，评估可以大致分为自我评估和外部专家评估两种类型。自我评估即公益项目的实施者进行的内部自我评估，而外部专家评估则是指捐赠者或项目实施机构聘请高校、科研单位或独立评估机构的外部专家进行的评估。

自我评估的优点首先在于，评估者是项目实施机构的成员，对组织内部结构与项目运行机制较为了解，对项目实施的整个过程较为熟悉，对试验区的社会经济背景、文化风俗习惯较为了解；其次，自我评估的成本较低，在项目实施的每一个阶段都可以进行评估，有利于及时发现问题、解决问题；第三，自我评估的结果或建议容易在今后项目执行过程中得以实现，这是因为一方面评估者本人就是项目的执行人，另一方面评估者对评估过程中发现的问题有切身的体会。

自我评估的局限主要在于，由于评估者是实施机构的内部成员，因此评估结果往往缺乏客观公正性。而且，即使自我评估很客观，社会公众也不容易相信其评估结果。另外，由于自我评估者的日常工作较多，难以集中精力进行评估，因此自我评估较为粗略、专业性不强。而外部专家评估正可以弥补自我评估的不足，外部专家评估往往较为客观公正，评估结果易于被公众所接受，因而也容易帮助被评估对象树立社会公信度。另外，外部专家评估也有其缺陷。首先，外部专家评估的成本较高，因而也不可能在项目执行的每一阶段进行，更不可能对每一个项目进行外部专家评估；其次，外部专家对项目实施的整个过程、运行机制和当地社会经济文化背景并不清楚，而专家往往又需要在较短的时间内完成评估工作；最后，外部专家评估的结果或建议并不容易在项目今后的执行过程得以真正落实（见表8-1）。

表8-1　内部评估与外部评估的对比

评估主体 比较因素	内部 （公益组织本身）	外部 （外部专家等）
评估结果	缺乏客观公正性、可信度低	公正客观、易为公众接受
评估方式	不够专业、日常事务多	评估专业，但对项目具体过程不够了解，时间仓促
评估成本	低，且随时可以进行	比较高
项目执行	容易	难以操作执行

客观地说，自我评估与外部专家评估各有利弊。社会组织应该根据具体的情况选择进行何种形式的项目评估。理想的情况是，社会组织能够对每一个项目都进行自我评估，通过评估总结经验与教训，从而提高项目的绩效或为今后其他项目的实施提供借鉴。但是，仅仅有自我评估是不够的，社会组织还需要定期抽查一些项目或对重点项目进行外部专家评估。

（二）公益项目评估时机

当前，一些社会组织的项目管理人员以为只有当项目结束之后，才有必要进行评估。事实上，评估不仅包括后评估，而且也包括前评估和中期评估。

前评估是指项目开始实施之前所进行的评估，也称预评估、事前评估。由于是在实施之前进行，因此实际上是对项目可行性分析的评估。前评估的结果一方面可以决定项目是否实施，另一方面前评估取得的数据可以作为基准线，在项目完成后进行前后对比。目前，我国大多数公益项目都没有进行认真的前评估工作，其后果往往是一些项目从一开始就注定有很大的风险，甚至可能失败，而且在公益项目执行过程中或结束后进行评估也缺乏可对比的数据，从而难以反映公益项目准确的绩效。

中期评估，也称过程评估，是指在项目开始后到完成前之间的任何一个时点进行的评估。它的目的在于检查项目的设计和前评估的质量，或者评估实施过程中的重大变更及其影响，或诊断实施过程中的困难、问题，寻求对策与出路。它的核心在于通过中期评估反映项目实施过程和实施方法是否与项目既定的目标保持一致，项目实施过程和实施方法是否有助于实现项目既定的目标。

后评估是在项目结束后，根据原目标和实际实施情况的比较而进行的全面、系统评估。后评估一般更容易为人理解和接受，因此，目前社会组织对后评估工作相对更重视一些。

（三）公益项目评估内容

现有的评估方法一般针对的是对项目绩效的评估（即对目标实现的评估）。项目绩效可通过以下几个方面来衡量：项目的适当性、效率、效果、满意度、社会影响和可持续性。

1．适当性

项目的适当性包括三个方面：第一，实施的项目是否与组织的使命相一致；第二，实施的项目是否与目标群体的需求或认知价值相一致；第三，实施的项目是否对目标群体需求及时作出回应。

2．效率

项目的效率包括：项目的单位成本或成本效益如何，是否有利于技术和知识的扩散，是否节约了时间。

3．效果

效果是指项目的实际结果达到或实现预期目标的程度，包括绝对量和相对比例两个方面。

4．满意度

满意度是指顾客感受到的服务质量达到其期望值的程度，它包括提供的服务是否达到行业的标准，服务的态度是否热情、谦虚、有礼，社会组织及其工作人员（包括志愿者）是否值得信赖，是否能够尊重顾客的隐私，被服务对象是否有畅通的投诉渠道等。

5．社会影响

社会影响是指从为社会提供服务的角度，评价项目所取得的效益和效果对社会和经济生活产生的长远影响。包括项目对就业问题的影响，对公平公正问题的影响，对性别和发展的影响，对民族关系的影响，对生态环境问题的影响等。

6．可持续性

可持续性是指项目结果的可重复性和可持续性，即项目完成后，该项目积极结果的持久性，它包括静态的持续性和动态的持续性两个方面。前者指在已完成的项目推动下，相同的利益持续地流向相同的目标群体；后者是指最初的目标群体或其他群体把项目的结果推广到不同的背景或变化的环境中。

接下来我们将以中国扶贫基金会的“小包裹”启动“大爱心”的奇迹爱心包裹项目为例①，从项目策划到实施与监督再到成效评估与反馈，详细说明一项公益项目是如何成功的。

第二节　中国扶贫基金会公益项目案例分析

一、公益项目背景与策划

（一）爱心包裹项目的孕育

中国扶贫基金会于2007年提出向筹资资助型转型和国际化发展的战略，倡导“人人可公益”的公益理念。然而要实践“人人可公益”需要解决三个问题：第一个是捐赠门槛的问题，如果参与公益所需资金额较高，对于多数普通公众来说是有压力的；第二个是捐赠途径便捷的问题，要让公众参与捐赠，不一定要到基金会现场；第三个是透明的问题，公众捐款之后，钱的去向及作用是直接影响公众捐款意愿的重要因素。因此，中国扶贫基金会进行了商场义卖、爱心家庭、爱心宿舍、青少年筹款挑战赛、爱心贺卡等诸多的尝试。其中，爱心贺卡项目是中国扶贫基金会与中国邮政北京海淀区双榆树支局合作开发共同完成的，它

① 何道峰：《中国扶贫基金会经典案例》，北京：社会科学文献出版社，2017年，第946—988页。

也直接导致了爱心包裹项目的设立。

在爱心贺卡项目的基础上，中国扶贫基金会新长城项目部和中国邮政双榆树支局又探讨如何更加深入地开展合作。2009 年 3 月，两个团队瞄准了汶川地震一周年和大灾后第一个儿童节的契机。在汶川地震灾区，受灾学生大多在板房里上课，学习用具十分紧缺。同时，地震一周年之际，灾区群众特别是孩子们的生活怎样也是公众十分关注的，并且被大灾调动起来的公众捐赠意愿此时依然强烈，需要设计出一种既能满足捐赠市场需求，又能满足受益人需求的公益产品。这些契机和条件，促进了爱心包裹项目的诞生。

（二）爱心包裹项目的开发

在提出了爱心包裹项目的概念之后，新长城项目部就爱心包裹的价格、内容、物流运输、捐赠标准、受益学生的选择、信息系统的建设进行了多次调研、讨论和头脑风暴。

1. 包裹价格的确定

公益项目首先要解决的就是捐赠门槛的问题。爱心包裹到底定价多少合适？对此，中国扶贫基金会进行了调研，设计了 50 元、80 元、100 元、500 元等几个标准，并向老捐赠人咨询他们最能够接受的捐赠额度标准。结果是，50％以上的人选择了 100 元。而内部讨论时大家也觉得将捐赠额定在 100 元比较合理，既容易让老百姓接受，采购包裹的资金也相对充足。除此之外，为了满足大额捐赠人的需求，还设计了 1000 元一个的学校型体育包裹。自 2012 年后，项目又推出 200 元的学生型暖冬包和救灾型生活包（非常规包裹内容）。在确定了包裹整体的价格之后，第二步就需要确定包裹内各种物品的构成。

2. 包裹内容的设计

为了更好更贴切地满足受助学生的需求，项目组发放调查问卷开展受助学生需求调查（校长问卷和学生问卷），了解学校、学生的礼物愿望，在此基础上估算学生学习用品数量。通过对灾区学校校长的电话访谈，了解能满足学生一学期使用的文具用品量。同时，在包裹内容的设计方面也考虑了捐赠人需求，通过电话向比较熟悉的捐赠人做了咨询。最后根据学生的需求、捐赠人的购买意愿、价格等综合因素，设计出了首个爱心包裹产品。

3. 包裹生产厂商的确定

在明确了包裹的价格和内容之后，接下来就要进行包裹的生产设计。这是使爱心包裹项目由理念变为现实的基础。如何选择包裹生产厂商也是一个很关键的环节。中国扶贫基金会委托专门的招标公司，通过公开招标的方式确定包裹生产厂商。招标的评价标准是在既定价格的基础上，衡量投标厂商的通货周期、供货周期、偿付能力、样品设计和可以提供的增值服务。另外，选择有实力的大品牌，因为大品牌可以保证产品的质量，同时能够保证价格的合理化。并且长期的包裹供应商每两年要进行一次竞争性谈判，每一笔订单都与生产商签订协议。而温暖包每两年都要进行一次招标采购或竞争性谈判采购。

4. 信息系统的设计与开发

要实现爱心包裹项目所承载的透明、便捷、门槛低、体验性强的目标，专门为项目开发设计信息系统是尤为重要的一环。中国邮政集团总公司作为项目的共同主办方，承担起信息系统的设计与开发工作。

爱心包裹信息系统的建立，实现了全国共享受捐学生名址数据库，通过实时调用名址捐赠方式，避免了重复捐赠现象，实现了“一对一”的捐赠模式。根据运行中出现的新需求，爱心包裹信息系统不断完善订单信息和包裹实物、捐赠票据邮件号码的关联、系统参数灵活配置等功能，实现邮件运递状态可查，支撑多个公益活动或爱心包裹产品同时运作。爱心包裹信息系统的数据可以直接导入中国邮政的电子化支局系统完成批量收寄工作，和电子化支局系统等多个生产应用系统实现互联互通。

二、公益项目实施过程

针对“爱心包裹”的公益新模式，项目组和邮局积极探索、反复研讨，制定捐赠受理、资金归集、包裹实物处理、运递等环节的业务处理规范，创新设计出高效的业务运作流程。

（一）受益人的名址收集

爱心包裹项目借鉴了新长城助学的捐助模式，实现一对一结对。项目组专门成立名址组，提前收集受助学生名址，让捐款人在捐赠时即可拿到一张捐赠凭据，凭据上就有受益者的名字，从而解决项目透明的问题。在包裹送达受助人手中后，捐赠者还会收到受益人的回音卡。爱心包裹采用滚动收集名址的方法，及时补充名址库，同时名址收集区域由最开始的“5·12”地震灾区，扩展到西南旱灾地区，后又增加了玉树地震地区。爱心包裹项目受益对象名址来源主要有两类：一是国家重点帮扶的贫困县，由省扶贫办申报；二是捐赠人指定捐赠的地区。从执行的层面来讲，爱心包裹项目在2009年是直接面对学校，2010年之后主要是通过县教育局进行管理，建立了项目县的概念，并对县教育局的项目骨干进行培训。

（二）生产、运输与发放

1. 生产环节

考虑到生产周期比较长，爱心包裹的生产采用滚动订单模式，在爱心包裹项目没有启动之前，项目组就需要对当年的捐赠量进行预估，并通过捐赠量和订单量的曲线进行判断，给供应商下订单。项目组还制定了严格的检验标准，分为单品检验、半成品检验、成品检验三个步骤。所有的单品在入供应商仓库时进行3%的抽样检查，合格后方可进入流水线组装。项目组安排大学生志愿者在生产线对组装过程进行检验，当所有的包裹产品都装入箱子后，大学生志愿者需要按照比例抽箱检验。每个环节都合格后，爱心包裹才能从供应商仓库发货。

2. 运输环节

2009年是爱心包裹项目运作的第一年，受益地区仅有三个县，项目组经过与邮局多次讨论采取投递前置的模式，即爱心包裹在检验合格后，一对一贴上包裹单号，直接从供应商仓库发送至受益地区邮局投递中心。2010年后，爱心包裹覆盖至全国贫困地区，运输的模式又进行了调整。中国邮政也首创了邮政订单式包裹的业务，在系统的作业流程、规定等方面都是全新的。考虑到物品规格都一样，分布地区特别广，就利用中国邮政在全国的分仓处理点进行收寄处理。由生产厂家按照协议规定将产品运往中国邮政在全国的六个分仓点等待投递。项目组会根据系统中记录的分仓中心库存量及受益地区受捐量进行发货调控。

3. 分仓集散环节

中国邮政集团公司对包裹实物采取分仓集散、批次发运、落地集合的处理、运输模式。根据地理位置和邮路运能情况，在北京、成都、西安、武汉、郑州、广州 6 个邮区中心局设立包裹实物分仓集散处理中心。生产厂家负责将爱心包裹运送至各分仓集散中心。各分仓集散中心负责对其集散区域内的爱心包裹进行仓储管理，下载、处理捐赠订单信息，完成包裹的收寄、分拣封发及发运等工作。在包裹处理过程中，根据爱心包裹非现场收寄的特点，将中国邮政四联包裹详情单简化为单联简易格式包裹单，并且不再逐一粘贴在包裹上，有效降低了成本和劳动强度，提高了包裹单的打印和包裹发放效率。

4. 投递环节

为了解决分批收到包裹，可能会给孩子们带来攀比、失落、不平衡等心理问题，各地邮政局将爱心包裹“落地集合”，待整校包裹全部到齐，再克服贫困地区学校位置偏远、道路车辆难行等困难，整校投递上门，提供了高标准的邮政投递服务。同时使用专门设计的《爱心包裹邮件总清单》和校方进行签字交接，做到交接手续完善，责任分明。

5. 发放环节

包裹到达学校以后，由邮递人员把包裹交给校长，由校长组织包裹的分发。在这个环节上也进行过改进，前期是将邮寄的包裹单贴在每个包裹上，分发的时候要将包裹和受助学生名字逐个对应。但是由于数量大运输过程中又会有混乱，因此从 2010 年起将包裹和包裹单分开发放，保证了准确性，并节省了时间。包裹发放有两个很重要的环节：一个是写回音卡，这是爱心包裹项目透明性和参与性特点的直接体现；另一个是填写领包表，作为入账手续。在实际组织过程中要求受助学校的校长和老师做到足够负责，就此扶贫基金会也专门对其进行了引导和培训。

6. 反馈环节

主要是指回音卡、领包表和发票的寄送。回音卡由受助学校组织学生填写，前期是直接交给基金会，后期是上交给当地县教育局，由教育局工作人员进行检查核实后邮寄给各捐赠人。领包表由受助学校组织受助学生签字，说明自己已经收到包裹。前期也是由基金会直接与受助学校联系回收领包表，从 2010 年开始也交由当地县教育局收集检查，再反馈给基金会。

（三）捐赠办理和反馈服务

1. 订单受理

捐赠人可以到各电子化支局即爱心包裹项目受理网点或网站进行认捐，通过爱心包裹信息系统的运作，实现“一对一”认捐的顺利进行。同时，所有捐赠人会在第一时间拿到邮局提供的《爱心包裹捐赠凭据》，含“一对一”捐助学生姓名、性别、年级和通信地址等信息，网站捐赠人可以直接在网上获得相应信息。爱心包裹还可以通过微信、腾讯月捐、支付宝钱包、支付宝 PC 端、天猫店等多个网络渠道捐赠。

2. 订单审核

通过爱心包裹信息系统将各个受理点的认捐信息进行归集，经基金会审核处理后，将信息传达到中国邮政各个分仓处理点，通过分仓点确认各地投递数量并打印包裹单，实现信息和实物的对接。

3. 反馈

受益学生在接收到爱心包裹后，由受益学校组织学生填写回音卡，回音卡已含邮资，学生或学校统一收集后到邮局投递，也有地方邮局到学校收取。在捐赠人完成认捐后一个月内，中国扶贫基金会会向捐赠人开出捐赠发票，并通过中国邮政以挂号信的形式寄给捐赠人。

4. 客户服务

在项目运行过程中难免会出现失误和问题，在捐赠受理结束后，捐赠维护组还要进行退票处理、退卡处理、查询处理、投诉处理等。

（四）资金管理

捐赠款是慈善款，社会关注度高。中国邮政集团公司高度重视捐赠款的安全，对“爱心包裹”的账务处理做出了具体规定：各邮政营业网点受理“爱心包裹”，收取捐赠款；营业日对照信息系统提供的营业报表进行轧账；账目、现金核对清楚后，捐赠款随邮政营业款经过网点、县、市、省财务部门的逐级核对、上缴，最终归集到中国邮政集团公司财务部门。按照协议约定的周期，中国邮政集团公司将捐赠款划拨至中国扶贫基金会。

1. 从捐赠人到邮政集团

捐赠人通过在爱心包裹受理点现场支付后，资金由各受理点归集到邮政集团公司财务部门；通过网络在线支付的，资金则通过网银归集到北京市邮政公司，再由北京市邮政公司归集至邮政集团公司财务部门。从邮政集团到基金会：资金归结后，邮政集团公司财务部门将所有资金划拨至基金会，每周结清一次。

2. 扶贫基金会资金清分

基金会根据原有的规定将每100元钱按照不同的用途进行划分。包裹采购的资金支付给生产厂家，邮费支付给北京市邮政公司，剩余的用于项目运作和新长城助学金的部分交由基金会财务部门统一处理。邮政集团公司资金清分：北京市邮政公司将扶贫基金支付的项目邮费上交给邮政集团公司财务部门，再按照集团公司各部门的工作将邮费进行清分，每月一次，把邮费划分到各受理点、分仓点和投递局。

三、公益项目监控

（一）工作团队监控

爱心包裹项目部工作团队主要是由原来“新长城项目”的成员组成，2009年项目刚启动的时候还从其他部门抽调人员投入，从2010年开始投入的员工有22人。为了保障项目的顺利开展，工作团队除基金会正式员工外，还充分利用了志愿者资源。2009年共招募六批志愿者，每批10人左右，主要负责采购和验货。2010年共招募了1500名志愿者，主要负责采购、受助方名址录入以及对爱心包裹进行验货等工作。基金会通过面试筛选志愿者，并对其进行培训，明确具体分工，并且有专职人员进行领导，保证志愿者团队的工作能力。

经过前期一系列的尝试，爱心包裹项目团队经历了磨炼，增强了战斗力，通过在项目中不断学习和改进，熟悉项目流程，并通过互相考试的方式督促大家熟悉业务，增强能力。同时，在项目实施高峰阶段，工作人员实行6天工作日制，即“5＋1”模式，从人力资源的时间和精力上的高质量投入保证项目的顺利开展。2012年开始，随着项目模式更加成熟，实际进行项目管理的工作人员减少为4人。

（二）制度保障和部门监控

中国扶贫基金会与中国邮政集团公司以及其他合作企业、媒体都签有合作协议，明确了各方的分工和义务，对各方行动形成约束，从法律制度上保证了项目的顺利开展。同时，邮政集团公司内部就爱心包裹项目也出台了一系列文件，通过制度的形式自上而下地保障项目的贯彻执行。

从部门到参与人员，包括具体的开发商、具体的财务人员、信息技术人员这些点点滴滴的投入，对项目的顺利开展起到了决定性的作用。前期的项目策划和设计为项目发展提供了很好的方向，但必须通过实际工作各方的全力投入，才能保证项目从时间、领域、效率等方面实现从策划到现实的转变。

同时邮政集团公司还非常注重在各省之间的沟通交流和信息发布，对活动开展情况及时通报，在推进过程中也结合实际推出很多好的做法。结合各地对口扶贫单位的意愿，对于认同这个项目的，邮局就可以实施对口捐赠。为此，扶贫基金会也在名址收集方面做了大量工作，保证有明确指定对象的捐赠也能落实。在活动推进过程中，中国邮政在扶贫办、扶贫基金会公益理念的倡导下，联系企业及社会各界，创立了多种多样的捐赠形式。邮政的员工在服务客户的同时自己也参与爱心包裹捐赠，切身的体验使他们在工作中向客户介绍时取得了很好的沟通效果。活动开展后引起较大社会反响，多家媒体予以报道，邮政部门也受到褒奖。

（三）宣传策略监控

1. 持续广泛的公益广告传播

爱心包裹项目自启动以来，先后通过 CCTV-6 电影频道、CCTV 数字频道、中央人民广播电台等中央媒体，华视传媒、北广传媒、世通华纳等全国性地铁、公交媒体，十几家地方电视台、广播电台，数十家地方性新媒体进行了持续、广泛的公益广告宣传。

2. 有影响力的媒体多次深度报道

新华社、《新京报》、《北京晚报》、《三晋都市报》、《北方新报》、《沈阳晚报》、《劳动午报》、《中国慈善家》、《手递手》等新闻媒体多次对项目进行专题深度报道。根据不完全统计，爱心包裹项目各级纸媒报道已有3000余篇，网络转载量有数万条。

3. 电视专题节目持续扩大项目影响力。

项目先后与CCTV-6《光影星播客》、CCTV-1《正大综艺》、CCTV-12《热线12》、CCTV-1《梦想合唱团》等栏目合作，累计制作了超过30期专题节目，有效扩大了项目的影响力。

4. 微博、微信搭建沟通传播平台

项目先后在新浪微博、腾讯微博等SNS网站开通了官方主页，并策划系列传播活动，有力地推进了项目的传播。2013年开通爱心包裹微信服务号，通过微信与用户进行多频次的沟通和服务。

5. 重点活动助推项目传播

爱心包裹项目启动后，几乎每一年都要举办全国启动仪式、地方启动仪式、受益地区发放仪式三大类活动，做到了全国和地方联动，捐赠与受益联动，通过地面活动有力地助推了项目传播，提升了品牌价值。

四、公益项目成果与评估

（一）爱心包裹项目取得的成效

1. 数以百万计的贫困地区小学生直接受益

项目通过美术包、温暖包、体育包、音乐包的援助，不仅传递了社会关爱，还改善了贫困地区小学生音体美教育条件和生活条件，实现了他们的梦想。爱心包裹项目自启动至2015年12月31日，累计接受社会各界捐赠45811.95万元，其中个人捐赠256万笔、单位捐赠19.4万笔，累计有31个省（自治区、直辖市）660个县17307所学校的397.5万名学生和6549个家庭受益。

2. 搭建了透明、便捷、互动的公益平台

项目以捐款使用透明（捐赠人在捐款后获得受益人名单）、参与门槛低（美术包每个捐购标准100元，学生型温暖包每个捐购标准200元）、参与便捷（全国3.6万个邮政网点及网站）、体验性强（获得感谢信、捐赠票据，收到受益人填写的回音卡）的特点，获得了社会各界的广泛响应。捐赠人来源于32个省（自治区、直辖市）的332市2846个县，几乎覆盖所有的行业和职业。项目平均每分钟就帮助了1名贫困地区小学生。

3. 广泛传播了人人可公益理念

合作伙伴、名人明星、媒体、志愿者等社会各界爱心人士和单位积极参与项目的宣传，传播人人可公益理念。累计举办百场活动，超过100位明星参与传播，中央及地方媒体播出公益广告超过10万分钟，超过1000次的电视新闻报道或节目制作及20.9万篇宣传报道。项目启动后，中国扶贫基金会还累计组织了近42万人次志愿者走上街头参与活动，累计向超过3000万公众宣传了公益理念。

4. 持续赢得社会各界广泛认可

2012年，在百度发布的“最受网民关注的十大公益项目”榜单中，爱心包裹项目名列其中并排名第四。该项目还获得了“中华慈善奖”“公益创新奖”等多项荣誉，得到社会各界的持续认可。此外，国务院原副总理回良玉、全国人大常委会原副委员长周铁农、全国人大常委会原副委员长顾秀莲、全国政协原副主席张梅颖、全国政协原副主席黄孟复等出席爱心包裹项目相关会议及活动。

（二）爱心包裹项目评估

1. 适当性

首先实施爱心包裹项目与中国扶贫基金会组织使命相一致，并且是在倡导“人人可公益”的公益理念下诞生出来的；其次，爱心包裹项目与目标群体的需求和认知价值相一致，该项目是通过一系列的深入调查和了解，在顺应时代发展潮流，满足群众需求下孕育而出的。

2. 效率

中国扶贫基金会爱心包裹的价格是通过了多方调研，经过了反复调整才确定的，目的就是想用最低的成本做最好的服务，提高工作效率。并且爱心包裹的运输中组织也在不断地调整运输渠道和方式，降低时间成本。

3. 效果

中国扶贫基金会的爱心包裹项目让数以百万计的贫困地区的小学生直接受益，成功实现了最初的项目目标。并在此基础上，该项目也产生了许多溢出效应，如搭建了透明便捷互动的公益平台、传播了公益理念、赢得了社会各界的认可、提高了知名度等等。

4. 满意度

爱心包裹项目得到了捐赠人、受益人、政府、媒体和专家等群体的一致好评。无论是白领、干部、军人，还是学生、外来务工人员，都积极地参与爱心包裹项目，充分体会到该项目全程透明、参与门槛低、执行效率高、体验性强的特点。爱心包裹项目在发起、实施过程中，地方扶贫部门积极支持爱心包裹项目的开展。并且项目一经推出就得到社会的认可，当年接受捐赠1.3亿元，共有80多万普通老百姓走进邮局参与了捐赠。

5. 社会影响

爱心包裹项目创意新颖、定位准确、运作高效、成果显著，通过中国邮政搭建的慈善公益平台，突破了长期以来制约全民公益行动的“透明度不够、便捷性不强、缺乏小额捐赠、缺乏用户体验”等瓶颈问题，能够很好地满足社会捐赠需求，同时也为其他的公益项目提供了很好的借鉴。

6. 可持续性

爱心包裹项目成功地为公益行业带来了新的模式，爱心包裹项目成功的一个重要原因是其准确的项目定位和项目理念。为了实现“人人可公益”的目标，爱心包裹项目突出透明、门槛低、便捷的项目定位，并在此基础上提升项目的体验性和参与性。自动的刚性的透明机制特点，彻底消除不信任体制，加强与捐赠人的互动，提高透明度，形成有效的反馈机制，使捐赠人能真实地看到自己捐赠的资金的流向，具有很强的可持续性。

第三节 爱心包裹项目的经验启示

爱心包裹项目是受到2008年“5·12”地震大灾被激发出的慈善热情所启发而推出的。社会组织在其中发挥的作用也是不可忽视的，这在爱心包裹项目中也得到了印证。但是对社会组织而言，不仅要学习如何做公益项目，更应该学习如何做好公益项目，中国扶贫基金会的爱心包裹项目就是一个很好的学习案例，它的成功源于多方面的因素。

一、准确的项目定位

爱心包裹项目成功的一个重要原因是其准确的项目定位和项目理念。为了实现“人人可公益”的目标，爱心包裹项目突出透明、门槛低、便捷的项目定位，并在此基础上提升项目的体验性和参与性。自动的刚性的透明机制特点，加强了与捐赠人的互动，提高了透明度，形成了有效的反馈机制，使捐赠人可以真实地看到自己捐赠的资金流向及成果。

爱心包裹项目圆满地解决了三个问题。第一是100元的捐赠门槛基本上不会给大家造成压力。在长长的捐赠者名单中有不少是小学生，他们省一个星期或者一个月的生活费、零花钱，捐款就出来了。第二是非常便捷，爱心包裹项目和中国邮政这个全国网络最发达的机构合作，中国邮政设立3.6万个邮政网点，大家到身边的邮局甚至在乡村都可以捐赠，同时还开通了网络平台，捐赠的渠道非常通畅。第三是放心机制，从项目本身的流程设计开始就处处考量，通过精心设计项目一对一模式、提供回音卡等互动环节，有效地保证了项目的透明性。

在此基础上，还能给予捐赠人切实的成就感，有效地倡导了全民参与公益事业。对于受助方来说，则是物质和精神双方面的鼓励，有利于培养小学生的爱心和感恩意识，在另一个层面上促进了“人人可公益”理念的贯彻。项目定位结合了中国扶贫基金会宣传、对外联系、统筹资源等方面的优势和中国邮政集团公司的网络、品牌优势，使得爱心包裹项目成功地搭建了面向社会各界的公益服务平台。

二、出色的资源整合

首先是中国扶贫基金会与中国邮政集团公司的合作为项目的顺利进行奠定了坚实的基础。双方充分利用各自的优势和特点，通过优化资源配置，实现资源整合。一方面充分发挥中国扶贫基金会的宣传动员和组织协调能力，最大限度地广泛动员全社会的参与；另一方面充分发挥邮政集团公司的网点广泛优势和专业能力，给予项目以技术支持和保障。其次是对媒体资源的整合。发起单位CCTV电影频道以及20多个省的主流媒体在项目的宣传推广方面发挥了巨大的作用，让社会各界真正了解到爱心包裹项目作为一个全民公益行动的魅力所在。再次是对政府资源的整合。在名址收集环节，运用各省市扶贫办和教育局资源来实现名址的收集，保证了项目与受益方的接洽。在项目启动和统筹安排环节，为了营造更好的宣传氛围，在各项目点都集中举行了爱心包裹项目的启动仪式，这也是依托当地县政府或扶贫办完成的。在项目开展过程中，包括领包表、回音卡的收集检查也都由各县扶贫办、教育局协助完成。另外，由于反馈给捐赠人的发票数量巨大，项目组前期采用人工处理的办法无法满足项目需求，因此在财政部的支持下采用批量印刷的方式进行发票准备，很好地解决了这一难题。

综上可以看出，出色的资源整合是与组织机构发展、人力资源的储备分不开的。中国扶贫基金会长期以来的项目积累为其能够充分整合各种资源提供了基础。

三、强大的营销团队

中国扶贫基金会除了依靠 3.6 万个邮局网点万名邮局工作人员担任爱心包裹项目“爱心传递使者”宣传推广外，2011 年，还建立了一支强有力的“地面部队”——“善行 100”志愿者。大学生志愿者利用周六、周日前往邮局、商超等公益体验站向公众宣传推广爱心包裹项目并募集善款。四年来，有近 42 万人次大学生志愿者参与“善行 100”活动，累计筹集善款近 4000 万元，影响了上千万公众。“善行 100”志愿者不仅关爱了 40 万余名受益地区小学生，更重要的是通过他们的宣传，也将“人人可公益”的理念进行了很好的传递。

四、扎实的项目执行

项目由构思变成现实，与扎实的操作执行是分不开的。首先，爱心包裹项目一经推出，中国扶贫基金会与中国邮政集团公司双方就通过合作协议明确了各自的分工和职责。双方都派出了精兵强将具体负责项目的实际运行，从思想上和人力资源上保证了项目执行的高质量。其次，爱心包裹项目通过前期一系列活动的尝试与探索，建立了双方的紧密合作关系，并在设计、生产、供应、发放、投递等方面形成了清晰明了、严格的运作体系，使各项工作有规可守、有据可循。在实际操作过程中便于很好地把控各个环节，掌握轻重缓急。再次，健全的制度保障，加强了对资金流和具体业务的控制。

五、适时的契机捕捉

爱心包裹项目的推出选择了最佳的时机。“5・12”地震一周年以及随后的六一儿童节是2009年公益宣传的两个最佳时间点。爱心包裹项目成功地抓住了这个契机，以关爱地震灾区学生作为宣传点，利用多种媒体宣传爱心包裹项目，为项目的开展造势，带动项目掀起了一个又一个高潮。以5月12日地震周年纪念日当天为例。在各方媒体的配合下，这一天全国共捐赠了学生包裹66859个，学校包裹803个，捐款总金额高达749.09万元，是项目启动以来捐赠的最高峰。2010年在上一年项目的基础上，根据情况反馈适时对项目做出调整。从包裹内容、生产厂家、资金配比、受助地区到宣传策划、人力投入、项目方案等都适时做出调整，力图更好地满足捐赠人和受助方的需求，并且进一步动员更多社会力量参与项目当中。

◎本章习题

1. 社会组织公益项目运作流程包括哪些环节?
2. 社会组织公益项目策划包括哪些步骤?
3. 举例说明社会组织公益项目的实施过程。
4. 社会组织公益项目的评估由谁来做? 包括哪些内容?

第九章　社会组织与筹款动员

第一节　社会组织筹款概述

一、社会组织筹款的概念

社会组织筹款是根据组织的目标，向个人、政府、企业和社会大众或基金会等发动筹集人力、物力和财力的过程。社会组织的核心特征是其公益性，任何一种筹资手段都必须体现这一特点。社会组织要时刻明确与政府和企业之间的关系，不能在履行社会职责时受到资金供给者的控制，要有自身的自主性。社会组织应积极找寻与政府、企业与社会大众的利益契合点，为组织资金的获取创造稳定的环境。社会组织的公益性是赢得社会大众广泛支持的坚实基础和保障。

二、社会组织筹款的渠道

（一）依靠政府奠定资金基础

社会组织在前期经常会依靠政府财政资助为其发展奠定基础。这类资助主要包括得到政府的财政补贴，享受到较大力度的税收减免政策等等。政府的赞助信息相对来讲容易获取，经费资源多以项目的形式由某机构承办，采取专款专用的形式。既可能是基金赞助项目，也可能直接外包。社会组织不断拓宽自己的活动范围，积极参加国家的各种公共项目建设，配合政府推进有利于社会大众和社会公益事业项目的进行，使组织能够赢得政府和公众的认可，提升社会组织的声誉和形象。这样才能够获得更多的资金支持，为组织的资金来源提供保障。

（二）与企业合作扩大资金来源

社会组织想要保持自身的竞争力，在社会中长期生存下去，必须要与企业建立并发展明确的关系。社会组织要主动与企业进行合作，建立以社会公益为目标的战略联盟。社会组织要熟悉自己的业务范围，了解组织的规模、目标人群、社会影响力和组织形象等等，进而主动出击，寻求与企业的合作。同时，社会组织要了解与之合作的企业产品、企业市场、企业问题以及企业所关心的事情，找到双方共同的兴趣点和利益点并采取一系列的行动促使组织与企业达成战略合作，实现彼此的合作共赢。

（三）用众筹形式增加组织收入

社会大众的捐赠收入是社会组织重要的资金来源之一。在互联网迅速发展的时代，社会组织众筹的平台多种多样，可以通过支付宝、微博、微公益等平台，给社会大众的捐赠行为提供便利。在市场经济下，社会组织的筹款策略应该以大众的需求为导向，主动分析本组织在市场中的位置，设计完备的、可行性高的项目计划与筹资计划。社会组织要切实关注社会中的弱势群体，帮助真正需要帮助的人，这样才能够获得社会的广泛支持与信任，才能够将社会大众的资金筹集到组织里，为组织的各种公益行动奠定坚实的资金保障。

（四）寻求国际基金会的援助

在全球化的今天，社会组织除了从国内其他组织或社会公众取得捐赠资金外，还可以寻求宗旨和目标相一致的国际基金会的资助，这是社会组织获得资金的一个重要渠道。在国际上存在着一些专门向世界各地提供国际援助和资助的组织，每一个国际资助组织都有其相应的宗旨和援助方向。社会组织要清楚地识别自身与基金会、资助组织的理念、未来发展方向以及运作模式等是否匹配，找到合适的组织并向该组织提出申请并获得批准。同时，社会组织在接受国际资助组织的捐助时，必须遵守国家相关法规制度的规定。

三、社会组织筹款的策略

根据“开放系统理论”，社会组织之所以要制定筹款策略，是因为社会组织想要筹得资金得到持续发展，必须要有应对外界环境变化的能力，清楚组织所面临的处境和未来趋势。具体而言，组织可以通过以下策略进行筹款。

（一）分析外界的环境

对外界环境进行分析，搜集情景资料是社会组织制定筹款策略的第一步。社会组织可以运用 SWOT 分析模式，即评判组织的优势（strengths）、劣势（weaknesses）、机会（opportunities）、威胁（threats）来搜集适当而完整的情景资料，以便决策者能够在面临问题和争议需要作出判断时做到有据可依。

（二）确认组织的使命

在搜集完组织内外部的情景资料后，最重要的是要进一步了解组织的使命，帮助组织确认未来的发展方向，明确组织的需要和筹资的动机。对于社会组织而言，资源的局限性和资金筹集的困难会使得组织有时过多关注筹措财源而忽视了自身原先的使命。因此，社会组织要根据自身的使命，明确筹资的目的，始终明白筹资只是一种手段而非最终目标。

（三）制定决策的过程

社会组织制定决策过程主要包括：了解组织自身的使命之后，要确定组织在未来 5 年的长期目标，再根据长期目标确立 1 年到 1 年半左右的目标。再根据目标制定方案，以便设定组织行政事务、人事安排以及财务的调度。目标通常分两种，一是理念上的目标。这指的是组织要坚定自身使命与价值观，明确自身的公益目标与社会职责，这对于整个组织都会有影响。二是执行上的目标。这指的是社会组织想要提供服务，就需要筹集更多的资金渠扩充自身的人力和物资储备。

（四）确定行动的步骤

社会组织如果想要达到预定的筹款目标就需要制定完善的筹款行动步骤，主要可以分为以下几点。

1. 搜集与筹款相关的资料

如政府设计的调查报告及组织财务收益分析报告等、与其他类似社会组织的比较分析、明确筹款目标群体的特性、制作筹款资产表等。

2. 动员组织的一切资源

社会组织的筹资来源主要包括个人、政府、企业和基金会等四大渠道。社会组织可以按照搜集到的资料来判断组织筹资的机会，即将筹款目标依据不同的筹款来源分配出适当的比例，建立组织的筹资的最优化组合。

3. 执行组织的筹款计划

经过筹款团队和组织高层的讨论和确认后，组织制定的筹资计划则会进入正式的筹备、实施与执行阶段。在这个阶段中，无论是组织的高层领导者还是组织内部的职工和志愿者都应该对筹款计划有充分而完整的理解，能够充分运用各种手段和工具共同投入筹资活动中，以期达到既定的筹资效果。

（五）实施评估与反馈

社会组织的筹资评估与反馈主要是能够让非营利组织随时掌握组织筹资活动的实施进程和发展方向。评估的范围主要包括：组织使命、目标群体的利益、治理性、策略规划、资源配置和筹款成效等。社会组织的筹资活动应该进行季度式的检视，以确保能够在筹资过程中对于偏离筹资目标和组织目标的行为进行及时的调整和纠正，使得组织能够对环境的变化做出灵活的应对，保持组织在社会中的竞争力。

除此上述步骤之外，社会组织还可以运用组织的品牌和形象，紧抓时事规划筹款策略，具体做法如下。

1. 根据组织的形象和声誉制定筹资策略

这种策略是运用组织在社会中的名誉和声望以及在社会大众心中树立的公益形象来进行筹资。在这种策略中，社会大众对社会组织呈现一种信任的状态，也愿意将自身看做组织公益活动的“代理人”，将自身的公益梦想通过社会组织来实现。社会组织运用这种策略时要注意适度，建立与公众之间持久的信任，不然可能会适得其反。

2. 根据具体的事件制定筹款策略

在这种策略中，社会组织会主动利用单一事件的扩大性来构建有利于组织的环境，引起社会的广泛关注，进而努力得到公众的认同。对于社会组织而言，很有可能会在这种策略中获得更多的社会支持，从而获得更多的公益资金。

3. 根据社会交换理论制定筹款策略

这种策略方式指的是社会组织可以将其服务内容变得有创意且可执行度高。在执行后能够为捐款企业带来持续的效益，以此来吸引企业的捐赠。在一般的筹款中，大多是单项操作，捐款人只能完成单一的捐款行为，很少从中获利。这种基于社会交换理论的策略，能够使得捐款单位在帮助社会组织的同时得到自身社会形象的提升，达到双方互利的目标。

第二节 “爱心衣橱”公益组织筹款案例分析

一、“爱心衣橱”公益组织简介

“爱心衣橱”公益组织是在自媒体时代萌芽并不断发展壮大的产物。在我国公益事业发展遇到瓶颈时，“爱心衣橱”凭借其独特之处成了近年来最为成功的案例之一。这个公益组织是在主流媒体、知名主持人和爱心企业家的共同支持下建立起来的。项目的发起人包括中央电视台财经频道的著名主持人王凯以及央视骨干主持人马洪涛。

2011 年 5 月 9 日，王凯在微博上发布了一个想法：“每个主持人都有一大堆淘汰下来的出镜装，也有很多朋友问过我能不能买到一模一样的。我突然有个想法，开个网店，把每件衣服配上原主持人的出镜照片在网上卖掉，然后把钱捐给民间慈善团体。”这一倡议在短短几个小时内就得到了上千次的转发量，不仅得到了主持界、演艺圈的支持，更是引发了对慈善保有最朴素想法的普通老百姓的热情关注与共鸣。微博上对于这一想法的热情高涨，同时也有好友马洪涛的加盟，王凯决定将想法付诸实践。于是，“爱心衣橱”专项基金于 2011 年 6 月宣布成立，7 月，爱心衣橱新浪微博公益版上线试运行，网友可以在平台上了解到组织的各类信息。“爱心衣橱”公益组织起初隶属于中国青少年发展基金会，目前已经归属于中华社会救助基金会旗下。组织的筹款方式包括但不仅限于在微博平台上拍卖明星和主持人的出镜服装以及举办慈善晚宴募集资金，再用筹集到的资金专门为寒冷贫困地区缺少衣物的学龄儿童定制能够防风保暖的新衣。“爱心衣橱”公益组织以其积极的行动，通过自媒体和各种活动得到全社会的支持，为改善社会公益事业作出了重要贡献。以下是创始人王凯的微博以及“爱心衣橱”管委会的成员名单。

图 9-1　“爱心衣橱”创始人王凯微博[①]

姓名	职位
王凯	中央电视台财经频道主持人
马洪涛	中央电视台财经频道主持人
文晋	中央电视台财经频道“大集大利”制片人、总导演
葛亚	中央电视台财经频道“对手”栏目总导演
余武	西典集团董事长
王旭东	中国青少年发展基金会人力资源部部长
乔颖	“爱心衣橱”执行总监

图 9-2　“爱心衣橱”管委会成员名单[②]

① 张丽园：《“爱心衣橱”自媒体平台公益活动的传播机制及效果》，云南大学硕士学位论文，2020 年。

② 谢晓霞：《民间非营利组织财务管理》，成都：西南财经大学出版社，2019 年，第 99—105 页。

二、“爱心衣橱”公益组织筹款渠道

（一）开拓多种参与形式，向广大爱心网友筹资

2011年8月初，“爱心衣橱”微博拍卖平台上线，采取微拍的形式，每件拍品都单独的拍卖页面。拍品上线后，由各位爱心网友进行自由竞拍，出价最高者挂“领先”标志，此后开始24小时倒计时，若24小时内无人加价，则此拍品被“领先人”拍得，若有其他用户加价，则重新计时。在这种竞拍模式下，能够很巧妙地将实务本身的价值最大化，同时还不影响其他物品的拍卖进度。

除了微拍之外，公众还可通过两种方式参加慈善捐助活动。第一种是通过“爱心衣橱”的微博官方平台认购为贫困地区孩子们特别设计的防寒保暖冲锋衣，筹集的资金经汇总后为孩子们购买衣服。第二种是通过“爱心衣橱”微博官方平台上发布的账号进行捐款。

（二）与企业合作，增加筹款合作对象

起初，“爱心衣橱”利用线上竞拍活动使得广大爱心网友能够参与到公益活动之中，获得资金来源。之后，“爱心包裹”公益组织选择与企业合作，扩展筹款的合作对象。“爱心衣橱”橱秉持着找业内有影响力、肯做实事的原则，经过对质量、性价比等各方面的考量，最终选定凡客诚品为项目的战略合作伙伴和唯一指定的服装供应商，凡客诚品将义务承担服装的设计及物流配送，同时承担一部分生产成本。这一举措不仅能够提升凡客诚品的社会影响力，还能够为“爱心衣橱”拓展资金筹集渠道。

此外，“爱心衣橱”公益组织还与国内销售奢侈品的寺库网进行合作，由寺库网帮组织打理筹集到的明星服装，拍照片发到网上进行展示。“爱心衣橱”为了解决二手衣物捐赠的物流成本高的问题，选择与国内最大的物流企业德邦物流达成合作将衣物运输到贫困地区。关于二手衣物，不可避免的还有卫生问题，“爱心衣橱”找到荣昌、拓铺洗衣店，再由这两家店联合31家连锁店参与这一公益活动。洗衣店负责收二手衣物，志愿者们负责给衣物分类把关，对衣物进行清洁消毒并打包完好。这样不仅解决了物流成本低的问题，还给贫困地区的人们送去了

干净整洁的衣服，做到了贴心细致。

（三）增加线上平台数量，扩大筹资宣传力度

“爱心衣橱”公益组织从微博平台创建，在进行了一段时间的运行后，该公益组织与支付宝合作建立了快捷捐赠平台，为使用支付宝的广大网友提供了便利，用户可以在支付宝公益页面上选择“爱心衣橱”进行捐赠，无论是在电脑上还是通过手机应用，都能轻松完成捐款。此举有效地提升了筹款效率，也鼓励更多人积极参与公益事业，为贫困地区的学龄儿童送去温暖。

而后，“爱心衣橱”与微公益、腾讯乐捐等平台的合作进一步拓宽了“爱心衣橱”的筹款途径。通过与微公益的合作，该组织得以在更多的社交媒体平台上开展募捐活动，吸引了更多年轻人和社会大众的关注与参与。而腾讯乐捐的合作使得爱心捐赠更为简易，用户只需使用腾讯公益网页，选择乐捐进行捐赠，即可为需要帮助的贫困地区的人们送去衣物和希望。

三、“爱心衣橱”公益组织筹款策略

（一）分析外界环境

“爱心衣橱”公益组织的创立是源于著名主持人王凯的微博。这一公益活动的起因与王凯对于外界环境以及自身生活的经验息息相关。根据明星的工作性质，出镜服装的使用率低，为了达到物尽其用，王凯想到开网店，将出镜服装与明星的照片放在网上售出，同时，将售出的资金捐给民间慈善团体。这是基于对客观环境的观察，将想法与现实需求结合起来，为筹资奠定了基础。

（二）明确组织使命

“爱心衣橱”公益组织将“用爱呵护孩子冷暖、用爱陪伴孩子成长”作为自身使命，将“衣＋衣＝爱”作为组织的口号，以此确立组织未来的发展方向，并为组织下一步制定的目标提供了价值观上的引领。组织使命的确定使得“爱心衣橱”在制定组织目标时能够更加清晰，更加坚定公益至上的理想信念。

（三）确定组织目标

“爱心衣橱”公益组织为贫困地区孩子提供衣物的目标是长期的，组织根据长期目标制定了每年至少帮助20000名贫困地区的小学生穿上温暖的新衣的短期目标。这一目标便于组织安排各项行政事务，对人员进行安排，对各项资源进行整合。组织的目标为筹资金额提供了大概的基数，也为组织筹资活动提供明确的动力。

（四）进行资源动员

在确立组织的目标后，通过各种筹资渠道如企业、社会大众、基金会等汇聚社会多方的力量筹集资金。通过低于成本价的公益采购，获得防风防雨保暖透气的优质冲锋衣裤两件套或定制版羽绒服。截至2019年底，“爱心衣橱”已经将新衣服送去全国28个省462个区（县）的2598所学校，共计280649名孩子穿上了“爱心衣橱”的暖心新衣。

四、“爱心衣橱”公益组织筹款监控

（一）明确列出各项收支，透明公益运作

经过“郭美美事件”后，社会大众对公益组织的信任力降到冰点，这件事情最大的教训就是公益不够透明。“爱心衣橱”公益组织始终与微博平台进行合作，造就组织的优势，通过微博平台，可以实现最大程度的透明。“爱心衣橱”在2018年3日前是中国青少年发展基金会下的二级基金，虽然不可能越过中国青少年发展基金会做报表，但是“爱心衣橱”可以通过微博平台将组织的每一笔收入、每一笔开支清清楚楚地列支并在平台上发布，将组织筹集资金的使用明细透明化。

（二）借助专业审计机构，规范资金使用

“爱心衣橱”公益基金于2011年7月22日正式启动，在启动仪式上，中国青少年发展基金会和德勤会计师事务所联合发布，对“爱心衣橱”进行全面审计，并对校服的采购和资助进行延伸审计。借助专业的审计机构，“爱心衣橱”公益基金的资金使用方式会得到更高程度的规范和监督，也会增强“爱心衣橱”公益组织的透明度和公信力。这对于建立公众的信任和信心十分钟重要，使得更多人有信心参与支持“爱心

衣橱”的公益事业。

（三）通过大众监督形式，增强公益信任

通过引入大众参与和监督机制，对组织资金运作的透明度和可信度都有所提升。例如，“爱心衣橱”将活动进展情况、捐款对应发放新衣服的学校名单以及资金使用情况公布在组织官网和微博平台上，广大爱心人士都能够直接在网上查询、核对并清楚地了解到资金的流向和使用情况。此外，通过社交媒体平台能够为公众提供一个公开讨论和提问的空间，让公众能够及时了解项目的最新动态，并提出疑问和建议。这种开放性和互动性的沟通方式可以促进公众对公益项目的监督和参与，同时也使组织能够及时回应公众的关切和质疑。

五、“爱心衣橱”公益组织筹款成效

（一）增加筹款资金，创造组织活动开展条件

“爱心衣橱”公益组织自成立到现在，取得了很大的成就，截至2012年5月底，“心暖新衣”作为其主要的项目，组织已经通过微博线上拍卖了72件各界爱心人士、爱心企业捐赠的拍品，筹款814921元。“支付宝”公益“爱心衣橱”页面筹款113428.46元，凡客诚品团购爱心筹款25900元，微公益捐款209280元，青基金账户筹款7421904.32元，筹款合计8585433.78元。截至2018年7月，“爱心衣橱”的活动范围辐射到全国28个省，该组织专门定制的防风防寒的冲锋衣和羽绒服已经发送到1901所条件艰苦的学校，共有20多万孩子穿上了“爱心衣橱”的新衣服。

（二）获得多种奖项，保持组织社会竞争力

“爱心衣橱”公益组织在进行公益活动的同时，还获得了多项公益慈善奖项，提升了组织的形象和声誉，扩大了组织的社会影响力。获奖奖项包括：2011年12月16日，《京华时报·公益周刊》颁发的“2011京华公益奖年度创新公益项目奖”；2012年1月8日，中国慈善年会组委会颁发的“2011年度中国慈善推动者”；2011年11月5日，王凯获得2011年中国杯帆船赛蓝色盛典暨时代骑士勋章授勋仪式的“中国爱骑士”勋章；2012年1月4日，马洪涛获得新浪微博“2011年度微博创新微公益人物”荣誉。2017年，“爱心衣橱”基金荣获行动者联盟公益盛典“年度十大公益项目”奖项。由此可见，“爱心衣橱”自成立以来，不断用心公益，坚定信念，践行使命，得到了社会各界的广泛支持。

（三）增加公众信任，扩大组织社会影响力

“爱心衣橱”致力于通过透明化、可持续性、社会影响力的实践来增强公众信任和扩大它的社会影响力。为了建立公众的信任和认可，“爱心衣橱”注重披露财务、捐赠、物流等方面的信息，通过公开的财务报表、爱心衣橱的网站和社交媒体平台，在社会上形成了资金数据透明度和公益项目的知名度。同时，为了扩大它的社会影响力，“爱心衣橱”通过多种渠道整合社会资源和引起普通公众的关注，定期开展公益活动和线上互动，其目的是拉近与公众之间的距离。这种全面的、跨维度的、基于社会影响力的工作方式，不仅让公众了解和认可“爱心衣橱”的公益行为，也提升了“爱心衣橱”的社会形象和知名度，为“爱心衣橱”的筹资活动扫除障碍，增强了“爱心衣橱”对于公益事业的初心，并为其提供不竭的财力支持和精神支撑。

第三节　社会组织筹款的经验启示

一、确定公益项目内容

社会组织在筹款过程中，首先需要确保项目的明确性。一个明确定义和可量化的项目能够吸引潜在的捐赠者或资助机构的兴趣和参与。这意味着组织需要清楚地界定问题的范围、目标和预期结果。通过提供具体的数据、案例和社会影响评估等，组织可以提高透明度，增加捐助者的信任和参与意愿。此外，项目的明确性还有助于使筹款过程变得更有针对性和有说服力，从而提高筹款的成功率和效果。

“爱心衣橱”在确定公益项目内容时，首先考虑到了社会需求和受益群体。“爱心衣橱”寻找到真正需要帮助的群体，将贫困地区的小学生作为组织帮助的目标群体，为贫困地区的小学生送去温暖。其次，“爱心衣橱”在确定公益项目内容时考虑到了项目的可行性，为组织定下可量化的目标，即每年至少捐赠 20000 件衣物的目标并努力去实现。这种更具针对性和效益的公益项目有助于监测项目的进展和效果，并提供基础数据用于项目评估和反馈，不仅能够引起社会上的爱心人士达成共识，还能够使这些爱心人士清楚组织在做的公益内容，为社会组织的筹款带来便利。

二、明确社会组织使命

为了吸引和留住捐款人的关注，社会组织需要在明确社会问题和社会需求后，确立组织的使命。通过充满希望的组织使命，组织可以激发捐助者的情感共鸣，并使他们更愿意支持组织的努力。根据组织的使命去制定筹款策略可以使项目更加具体和真实，让捐助者更好地理解组织正在解决的社会问题。组织还可通过分享被帮助者的个人故事和见证人的见解迅速建立情感联系，让社会广大捐赠者感受到他们的贡献所带来的实际改变。

“爱心衣橱”致力于通过提供温暖衣物和教育支持，用爱心呵护每个孩子的成长之路。组织通过这一温暖的使命募集资金和物资来支持社会上生活困难的家庭，尤其是关注儿童的衣物需求，确保他们在冷暖交替的季节里能够温暖度过。同时，该组织也注重孩子们心灵的成长，为孩子们提供心理关怀和教育资源。通过这种方式，“爱心衣橱”筹集到大量资金并努力用心陪伴孩子们成长，为他们创造更美好的未来。

三、建立多种筹款渠道

社会组织应该采取多种筹款方法，以降低对某一方式的依赖，增加筹款的成功率和可持续性。例如，可考虑个人捐赠、企业捐赠、基金会资助、活动筹款等不同形式的筹款方式。这样做不仅可以扩大筹款渠道，还可以吸引不同类型的捐赠者参与。每种筹款方法都有其独特的优势和潜在的目标受众，因此社会组织需要针对不同的捐赠者群体制定相应的策略和沟通方式。

“爱心衣橱”采取了多种筹款方式来支持他们的使命。社会捐赠是其中一个重要途径，通过社会公众的慷慨捐助来支持儿童的衣物需求和成长教育项目。衣物竞拍活动是“爱心衣橱”采取的有趣的筹款方式，通过拍卖或者义卖的形式，吸引公众的参与，从中筹集资金，并且让更多人了解并支持“爱心衣橱”的使命。“爱心衣橱”还与企业展开合作，凡客诚品不仅成为“爱心衣橱”的服装供应商，还为组织提供持续的经济支持。德邦物流能够让“爱心衣橱”的物流成本得到最大限度的降低。荣昌等洗衣店的合作使得这些二手衣物的卫生得到保障。这种合作不仅可以帮助“爱心衣橱”筹集资金，还能提升企业社会形象。筹款方式的多样性使得“爱心衣橱”能够从不同的渠道获得支持，确保项目能够持续发展并为更多的孩子带来温暖和关爱。

四、增加透明度和账务管理

社会组织在筹款和资金使用方面必须保持透明度，并建立健全的账务管理机制。捐款人对其捐款的使用情况和账务的透明度非常重视，因此，组织需要及时向捐赠者提供使用报告，并确保捐款得到妥善和有效的使用。此外，建立健全的财务制度和内部审计机制也能够增加捐助者的信任。通过公开透明的账务管理，社会组织能够树立良好的声誉，并为未来的筹款活动赢得信任和支持。

“爱心衣橱”意识到资金使用的透明度和社会大众的信任对于一个慈善组织的重要性。因此，“爱心衣橱”与德勤会计师事务所合作，以增加筹款方式的规范性，并确保资金的合法使用和透明度。德勤会计师事务所为“爱心衣橱”提供监控和审计服务，确保筹集的资金准确记录，遵守相关法律法规和会计准则。他们将审查和监测“爱心衣橱”的财务报表、捐款记录和支出情况，确保资金的正确使用，并保持与社会大众之间的信任和透明度。通过与德勤会计师事务所的合作，“爱心衣橱”能够提供准确的财务信息，向社会公众展示他们的筹款和资金使用情况。这种合作可以提高慈善组织的声誉和可信度，进一步吸引更多人参与他们的筹款活动，并持续支持他们的使命。

五、学会利用社交媒体和网络平台

在当今数字化时代，社交媒体和网络平台成了一个非常重要的筹款工具。社会组织可以通过社交媒体平台进行宣传，吸引更多的社会捐赠者。借助互联网的力量，组织可以与更广泛的受众分享自己的项目和筹款需求，吸引更多的潜在捐赠者。另外，通过利用网络捐款平台，组织可以方便捐赠者进行在线捐款，提高捐款的便捷性和实时性。通过网络平台，社会组织还能够实时更新项目进展，展示成功案例，与捐赠者进行互动，建立更加紧密的关系，并为筹款活动的推广提供更广泛的传播渠道。

“爱心衣橱”公益组织利用名人效应，将明星的出镜服装进行拍卖，运用明星的社交媒体渠道和粉丝基础进行筹款。同时，“爱心衣橱”与微博、支付宝、腾讯乐捐等社交平台的合作，为他们拓展了在线筹款的方式，增加了筹款金额并且扩大了受众范围。通过在这些社交平台上开展在线募捐活动，“爱心衣橱”能够直接触达更多的网民，借助这些平台的社交分享功能，加速信息传播和筹款速度。同时，这种合作还能够增加公众对“爱心衣橱”的关注度，提高品牌知名度，有助于未来的筹款活动和项目推动。在这些合作中，支付宝和腾讯乐捐等平台为“爱心衣橱”提供了便捷的在线支付和捐款渠道，大大简化了捐款流程，提高了捐款的便利性和参与度。同时，微博等社交平台则提供了强大的社交传播能力，有助于扩大“爱心衣橱”筹款活动的曝光度，并吸引更多公众参与慈善事业。利用社交平台的力量，“爱心衣橱”不仅获得了更多的筹款支持，也为更多需要帮助的儿童提供了更多的关爱和帮助。

◎本章习题

1. 社会组织筹款有哪些渠道？
2. 社会组织筹款有哪些策略？
3. 如何对社会组织筹款进行监控？

第十章　社会组织与社区治理

第一节　社区治理中的社会组织参与

一、社区治理概述

（一）社区治理的内涵

社区治理是指在法治化、规范化的前提下，由政府行政组织、社区党组织、社区自治组织、社区非营利组织、辖区单位以及社区居民等多元主体共同管理社区公共事务的活动。社区治理不同于社区管理。传统的社区管理突出了社区的行政色彩，强调政府在社区中的领导地位，主要以行政手段对社区事务进行管理。而社区治理则是从治理的理论基点出发，强调在社区治理中，政府应是权力主体之一，并不是社区治理中的唯一权威，其发挥作用的方式更应该是引导和服务等新的手段，而不是行政性的强制，使社区逐步过渡为“自我教育、自我管理、自我服务、自我约束”的状态。社区治理的目标就是通过多元权力对社区治理的参与，在多元权力格局职责分明而又相互依赖的基础上促进社区的良治，最终达到发扬民主、整合资源、促进社区建设的目的①。

（二）社区治理的原则

2017 年 6 月 13 日，《中共中央国务院关于加强和完善城乡社区治理的意见》正式发布，其中明确了我国城乡社区治理的基本原则，包括如下五条：

——坚持党的领导，固本强基。加强党对城乡社区治理工作的领

① 邱梦华：《城市社区治理》，北京：清华大学出版社，2019 年，第 78—91 页。

导，推进城乡社区基层党组织建设，切实发挥基层党组织领导核心作用，带领群众坚定不移贯彻党的理论和路线方针政策，确保城乡社区治理始终保持正确政治方向。

——坚持以人为本，服务居民。坚持以人民为中心的发展思想，把服务居民、造福居民作为城乡社区治理的出发点和落脚点，坚持依靠居民、依法有序组织居民群众参与社区治理，实现人人参与、人人尽力、人人共享。

——坚持改革创新，依法治理。强化问题导向和底线思维，积极推进城乡社区治理理论创新、实践创新、制度创新。弘扬社会主义法治精神，坚持运用法治思维和法治方式推进改革，建立惩恶扬善长效机制，破解城乡社区治理难题。

——坚持城乡统筹，协调发展。适应城乡发展一体化和基本公共服务均等化要求，促进公共资源在城乡间均衡配置。统筹谋划城乡社区治理工作，注重以城带乡、以乡促城、优势互补、共同提高，促进城乡社区治理协调发展。

——坚持因地制宜，突出特色。推动各地立足自身资源禀赋、基础条件、人文特色等实际，确定加强和完善城乡社区治理的发展思路和推进策略，实现顶层设计和基层实践有机结合，加快形成既有共性又有特色的城乡社区治理模式。

而建立在民主与自治基础上的社区治理需要遵循四大原则：

一是参与。社区各组织与居民必须直接或间接地有效参与社区事务，政府也应该致力于建立各种渠道来鼓励社区各组织与居民参与。

二是法治。治理应该是建立在公正的法律基础之上，并有高水平执法能力的组织或机构，依法自治。

三是透明。在治理过程中使各种信息和决策公开，使公民明了自己的利益与权利，并利用相关信息自主决策。基层政府也必须把相关信息以简洁明了的方式告知居民。

四是反馈。各种组织或机构必须在特定的期限内回应居民的要求与问责①。

---

① 董小燕：《公共领域与城市社区自治》，北京：社会科学文献出版社，2010年，第81—98页。

（三）社区治理的主体

社区治理发生在社区这样一个具有制度含义的特定空间内，参与治理的主体包含了来自政府的、社会的、市场的各类主体以及社区成员自身。主体的多样性与复杂性决定了社区治理既非单纯的国家治理，也非单纯的市场治理，而是兼有国家与市场“两只手”，并连接着社区成员尤其是个体成员家庭生活和社会生活两个“场域”。因此，社区治理参与主体具有多元性，治理的内容和结构具有复合性①。

社区治理主体是社区利益相关者，即与社区需求和满足存在直接或间接利益关联的个人和组织的总称，包括党政组织、社区组织、社会中介组织、驻社区单位、居民等。从组织的性质角度，可以将社区治理的主体分成三大类：一是党政组织，包括各级党组织与行政组织；二是社会组织，包括社区自治组织（居民委员会、业主委员会）、社区非营利组织（各类非营利的服务型、事务型组织）、社区居民文体娱乐团队、社区志愿组织等；三是营利组织，包括营利性的驻社区单位和其他参与社区治理的经济组织（如物业公司）。

各参与主体因为掌握资源不同，彼此之间形成一种相互依赖。比如，对于政府部门而言，由于社会事务增多，以及政府部门自身精简、力图追求企业型政府的效率和效益的需求，势必使政府无法再大包大揽，而是将部分权力下放给社会组织，让社区居民自身加以解决，从而获得社会组织和社区居民的合作。对于社会组织而言，要获得合法性，就必须接受政府的领导和管理，如按照《社会团体登记管理条例》或者《民办非企业单位登记管理暂行条例》等的要求在民政部门登记、注册；而要进入社区工作，特别是与街道、居民委员会的合作，就需要得到政府授权，而政府也需要依赖社区中的经济组织发展社区经济，创造社区居民就业机会，从而实现社区的稳定与发展。至于经济组织是否有权力进入社区，则又取决于社区居民、社会组织对于经济组织的评估，以及政府政策的准入。

① 陈光、方媛：《论社区治理参与主体的利益追求与规制》，载《武汉科技大学学报（社会科学版）》2013 年第 15 卷第 5 期。

本章主要针对其中较为重要的社区治理主体社会组织展开讨论。社会组织作为社区治理的能动力量，在社区治理中发挥着为居民提供更好的公共服务，促进社区和谐，维护社会稳定的功能。社会组织在社区治理中扮演什么样的角色？发挥什么样的作用？如何发挥作用？这些问题将是我们主要探讨的内容。

二、社会组织参与社区治理的角色功能

长久以来，我国基层公共服务一直面临供给不平衡不充分问题。社会组织扎根社区，可以全方位感知居民需求，捕捉和汇集关系居民生活的“急难愁盼”问题，并提供力所能及的服务，这在一定程度上弥补了基层公共服务的短板，提升了公共服务的可及性。与此同时，社会组织在激发基层活力、化解基层矛盾、推进社区治理共同体建设方面发挥着不可忽视的作用①。

（一）催化剂：激发基层活力，促进居民参与

社会组织在增强居民政治意识，促进居民参与社区治理方面发挥重要功能。首先，就组织本身而言，社会组织可以形成各类强制、模仿和诱导的制度化压力，通过组织内部的人际网络进行传递和扩散，动员成员参与各类政治议程；其次，服务生产和各种兴趣类活动，增加了社区内部信任、互惠、责任及网络等社会资本存量，推进了社区居民邻里交往和互动，提升了社区居民的“公共意识”“公民精神”和“政治效能感”，进而促进了社区居民对社区事务的参与；再次，社会组织可以通过设置议题，搭建平台，引导社区居民就社区事务表达观点、参与讨论，逐渐培养参事议事的意识和热情。基层的活力在于社区居民对社区事务的广泛参与，社会组织通过“成员吸纳”“项目植入”“兴趣培养”等方式增加交流互动，培育社区社会资本，进而培养社区居民主动参与社区事务的“行动自觉”。

（二）润滑剂：促进矛盾化解，推动社区建设

社会组织在社区矛盾化解中可以发挥“感应器”“减压阀”“调解

① 白志华：《社区社会组织参与社区治理：实践困境与优化路径》，载《中共石家庄市委党校学报》2023年第25卷第9期。

员”等作用，弥补基层政府“看不到”“抓不住”“管不好”等问题。首先，社会组织长期扎根社区，对社区人员结构较为了解，熟悉潜在的冲突矛盾点，能及时预测、预警、预防的风险苗头，充当社区稳定的信息“收集员”角色。同时，某些社会组织成员本身就是社区居民，对邻里关系、家庭内部关系、利益纠纷等情况更为了解，可以在矛盾形成初期及时介入，避免矛盾激化。其次，社会组织作为平台，可以为社区居民提供诉求、情绪表达的空间，缓解社会结构张力。通过发挥协商功能，可以为矛盾双方搭建桥梁，“敞开门”充分表达利益诉求和观点，利于双方开诚布公地沟通交流，避免双方直接对抗，为进一步化解纠纷奠定基础。再次，在各类社区矛盾纠纷中，社会组织作为调解员可以实现就地化解的效果。当前，活跃在社区内的各类“调解队”“服务队”“工作室”等民间协调队伍，在基层矛盾化解、促进邻里和睦、维护社会稳定方面作用显著，有效推动了新时代和谐社区建设。

（三）黏合剂：培育社区文化，建设社区共同体

社区治理共同体是一个包容性极强的社会联结有机体，也是联结居民与居民、居民与社区、居民与社会的重要纽带。当前，社区治理共同体建设主要面临两大挑战：一方面，陌生人社区割裂了社区居民的情感纽带，邻里关系弱化，感情淡漠，居民对社区的认同感和归属感不足，社区缺乏凝聚力；另一方面，社区文化普遍缺乏公共精神，个人主义较为盛行，行动上对社区公共事务态度冷漠，心态上强调“权利”大于“义务”，阻碍社区文化公共性培育。社会组织可通过开展各种活动，为社区居民交流互动创造机会，丰富社区网络，增进社区居民间的相互信任，强化邻里关系，重塑社区情感有机体，增强居民彼此间的“同感”与“共情”。同时，社会组织可依托公共文化活动，挖掘居民集体记忆、过往仪式、共同情感符号，提升个体的角色认同、群体认同与价值认同。

三、社会组织参与社区治理的内在理路

参与社区治理，社会组织可以发挥本土优势，扮演好桥梁角色，将

国家和居民连接起来，推动国家治理和居民自治的融合统一和上下贯通，增进国家政权和居民的双向互动和政治沟通①。在实现上述目标过程中，社区需求导向、专业服务能力、促进情感认同等要素共同呈现出了社会组织参与社区治理的内在理路。

（一）以社区需求为价值基础

满足社区居民需求是社会组织存在的基本价值体现，社会组织也不例外。社会组织一般为“内部孕育”，由社区内活跃分子、社区精英，出于公共精神或兴趣爱好，通过个人影响力，自发联结社区居民，成立兴趣类、娱乐类、服务类等社会组织。当然，也存在“外部植入”情况，这种组织由基层政府依托购买服务项目，引入专业孵化组织，借助专业力量培育而生。事实上，尽管触发模式不同，但社会组织满足社区居民需要的价值取向不能改变。无论是养老、育幼等居民需求程度高的社区服务供给，还是促进和谐社区建设的社区居民间矛盾化解，再或完善社区公共文化服务体系的文娱活动开展，不断回应社区居民需要，始终是社会组织所应秉持的价值遵循，也是获得外部认同的基础。

（二）以专业能力为基本支撑

社会组织在社区公共服务供给中扮演服务项目承接者、需求信息盲点感知者、社区服务生产供给者等角色，独特作用有目共睹。具体来看，一方面，要根据社区公共服务需要，在购买服务项目的支持下，按照约定开展必要的服务供给；另一方面，也要回应特殊居民诉求，通过掌握、汇总没有被购买服务覆盖到的需求，及时开展必要的介入和帮扶。近年来，国家大力引导、扶持社会组织参与社区治理，鼓励其在多元共治中“充分发挥社会组织提供服务、反映诉求、规范行为的积极作用”。但也应注意到，不断提升专业本领，更好树立项目意识，提升需求发现、项目设计、项目运作水平，推进服务品牌打造，更好满足居民需求是未来社区社会组织应该努力提升的方向。社会组织通过贴合需求

---

① 李杏果：《社区社会组织参与社会治理共同体建设：内在逻辑与实现路径》，载《河南社会科学》2023年第3期。

的服务供给弥合基层公共服务短板是其参与基层治理的主要途径。无论基于现实还是立足长远，社会组织参与社区治理一定需要过硬的专业服务能力作为支撑。

（三）以情感认同为有力保障

互助感、归属感、亲密感是构建共同体意识的情感支撑，也是社区居民获得感、幸福感、安全感的重要情感来源。社会组织通过社区情感干预和再生产而重塑社区居民间的关系。一方面，服务的过程增强了社区居民彼此的信任和情感依赖。服务提供的过程本身也带有某种程度的关怀，增强了居民彼此间的互助体验和互惠关联。正向的情感体验，有助于居民间信任的加深和正面情感的传递。另一方面，文娱、兴趣类活动的组织增进了社区居民的亲密感。文娱活动为社区居民的深层交流提供了条件，增加了彼此互动的频率，这些互动拉近了关系，使“自己人”的感受更为持久和强烈。社会组织可以通过激发情感共鸣助力共同体建设。社会组织以回应居民需求、搭建情感网络、增进社区信任等举措推进社区共同体建设。

第二节　“爱有戏”参与社区治理案例分析

滕尼斯曾指出：“社区是一种持久和真正的共同生活。”① 但实际上，人类步入现代后，“社区”的概念实际上在逐渐衰落。在城市社区治理实践的过程中，以往政府垂直型管理的痕迹很难在短时间内消除，作为街道行政权力延伸的下层单位而存在的社区也依然在承担行政性功能。如何使社区的职能从行政性向服务性转变、如何加强社区居民参与社区治理的自主性，一直是社区建设中面临的重大问题。在这样的情况下，社会组织的功能越发凸显。

社会组织协同参与社区治理的案例中，四川省成都市锦江区“爱有戏”社区文化发展中心可以说是其中的代表性社会组织，其实践从时间

① ［德］斐迪南·滕尼斯：《共同体与社会：纯粹社会学的基本概念》，林荣远译，北京：商务印书馆，1999 年，第 3 页。

维度、取得效果及影响范围来看都具有可借鉴性和创新性。下面我们将详细介绍社会组织“爱有戏”的案例①。

一、“爱有戏”社会组织概况

“爱有戏”全称为“成都市锦江区爱有戏社区文化发展中心”（以下简称“爱有戏”），于2011年在锦江区民政局登记注册，是锦江区首批5A级社会组织、锦江区首批有影响力社会组织、锦江区“人才小高地”。其创办者为刘飞女士，现任成都市锦江区爱有戏社区文化发展中心主任、成都市人大代表。

最初的“爱有戏”只是小型的志愿者组织。2009年，“爱有戏”的创始人刘飞时任成都市无偿献血宣传服务队队长，在进行无偿献血的宣传工作时，她发现传统的“传单＋展台”的宣传形式无法适应新时代的需要，公益宣传效果很不理想。在这样的背景下，服务团队集思广益，探索运用时下流行的舞台剧的形式，综合受到年轻人喜爱的流行元素，组织有表演专长的志愿者录制了无偿献血公益电视剧《小话西游之寻血记》，编排并公演了无偿献血宣传舞台剧《八戒家的满月酒》。这种新形式的宣传收到了非常好的效果，宣传队于是决定抓住时机，成立了一支以喜剧和影视形式宣传无偿献血的戏剧社，并在全体投票表决后命名为“爱有戏公益戏剧社”（爱有戏为英文单词你、我、她音译，即I、You、She），寓意为“大家携手参与，有爱就有戏”。这也是现在的爱有戏社区文化发展中心的前身，主要工作为倡导无偿献血和志愿服务，在成立后也拍摄多部公益广告、纪录片等作品，进行无偿献血及公益宣传。

“爱有戏”秉承“协力构建更具幸福感的社区”的使命，以“务实奉献、探索创新、平等参与、多元开放”为价值观。“爱有戏”组织内部分为家庭综合支持、社区发展、公共服务三大板块，目前共有个案管理、儿童福利、社区创就业、社区文化、社区互助、社区环境、社区教育、公共服务等10个事业部。自主研发了“参与式互助体系项目（义仓、义集、义坊）”“一个观众的剧场”“社区文化艺术节”“友邻学院”

① 崔月琴：《行动·拓展·创新 社会组织案例集》，北京：中国社会科学出版社，2021年，第180—193页。

“友邻之家”等品牌项目，现共有项目62个，主要覆盖成都锦江区、高新区、武侯区以及雅安灾区等近100个社区。其中“参与式互助体系项目”已经在上海、青岛、深圳、南京等近13个城市得到复制推广，“爱有戏”已成为目前国内关注城市社区发展的典型社会组织。因此下面将以建设最为成熟、体制相对完善的水井坊社区治理案例为例，着重介绍社会组织“爱有戏”协同参与城市社区治理的过程。

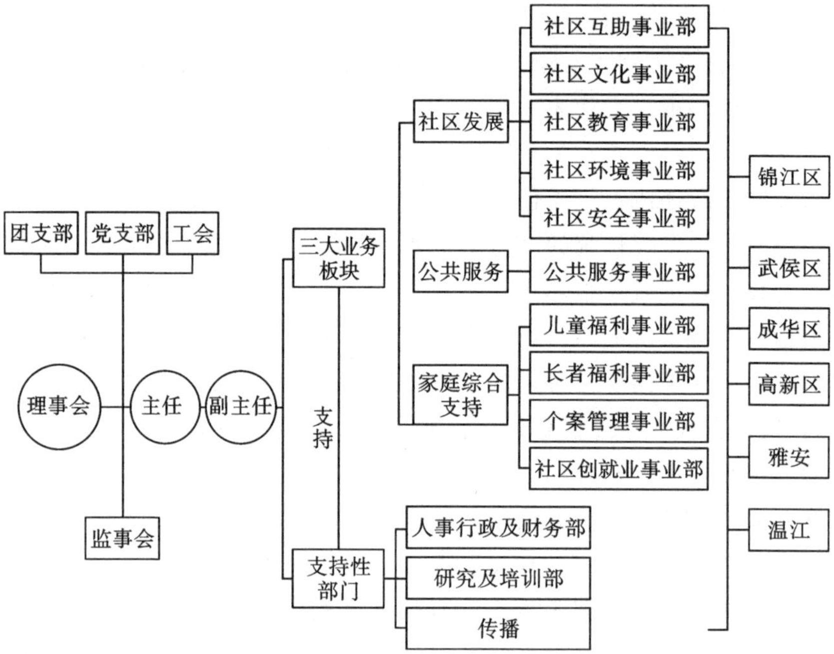

图10-1 “爱有戏”社会组织结构图①

二、“爱有戏”协同参与水井坊街道治理实践

在成都市锦江区对社会组织培育、扶植的优惠政策下，注册后的“爱有戏”在孵化基地的指导下，着重加强组织建设、团队建设、项目设计规划，并参加孵化基地组织开展的推荐宣传活动，积极转化孵化成果，孵化后即与政府签订协议，并将项目的主要实践地落在了锦江区水井坊社区。

① 资料来源：“爱有戏”工作人员提供。

水井坊街道位于成都市中心城区，地处繁华地段，具有老旧院落多、社区老龄化明显、贫富差距较大的特点。较场坝东街67号隶属于水井坊街道交子社区，修建于1997年。由于硬件条件先天不足、后天失修失养，大院存在严重的管网堵塞、污水溢出、线路杂乱等问题，严重影响了居民日常生活，院落矛盾非常突出。在这样的背景下，水井坊街道让渡空间、适度放权尝试引入社会组织参与社区治理，以促进社区转变，推进社会治理工作。

“爱有戏”作为社会组织也积极发挥协同作用，在社区中组织居民、发动群众参与社区事务的管理和议事。其具有代表性的几项举措主要有以下几点。

（一）协同参与院落“模拟整治”

“爱有戏”协力在参与较场坝东街67号老旧院落“模拟整治工作”中，提出“模拟整治”“尊重民意”“居民自治”三项作为整治的指导原则，力求在充分了解居民需求和意见并获得居民同意的基础上展开治理工作。67号老旧院落环境整治涉及自行车棚、垃圾房等公共设施的改造等问题，需要居民的支持，并配合改造工程的完成。因街道明确提出住户同意率达到90%以上方可进行整治，社区和“爱有戏”的工作人员便通过挨家挨户地走访进行“模拟整治”民意征询，向居民详细介绍整治方案，并希望居民能够积极配合整治工作，妥善挪动放置在走廊、院落内的私人物品，为整治改造工程提供条件。在社区和社会组织的共同努力下，住户同意率达92.06%[①]，居民们对施工中面临的问题也纷纷响应，真正在社区中实现了变“要我整治”为“我要整治”、变“群众观望”为“群众参与”，不仅明显改善了大院环境，同时亦得到了广大群众的大力支持，增强了大院居民的参与度与自主性，使大院整治真正成为群众满意的工程，取得了很好的实践成果。

（二）建立院落议事制度

为了能够有效建立居民参与议事的机制，“爱有戏”的工作人员牵

① 数据来自《爱有戏协同参与城市社区治理情况——水井坊街道较场坝东街67号案例》报告，“爱有戏”内部资料。

头组织大院内居民召开院落议事会议，将居民组织起来商议院落内日常公共事项或就拟推行的方案进行讨论，通过定期举行会议的形式为居民参与院落公共事务提供了平台和模式。在塑造外在制度的同时，“爱有戏”也注重培养居民的规则意识，规范议事会议的具体规则和流程。在实践中，并不是针对每一处矛盾问题的逐一解决，而是推广议事规则，建立一种协商互动的参与机制。在借鉴罗伯特议事规则的基础上，制定出适合院落实际情况的“院落会议五条”等规则制度，使居民能够有序参与议事、充分讨论；在此基础上，建立“院落议事十三条”，确保院落议定事项得到全面落实，为院落群众尊重规则打下基础，深化居民自治工作。以居民自治为契机，针对院落自治中容易出现的居民“被代表”情况，“爱有戏”探索并建立委托居民代表方式或居民自主参与会议制度。基于权重的居民代表行使居民代表权利、履行居民代表的义务，积极参加院落相关会议，充分讨论并议定大院治安管理、油烟扰民、青少年教育、老年人活动等事项。“爱有戏”的工作人员主要以主持人的身份进行引导；社区居民代表虽然在意见上存在分歧，但都能够按照规则有秩序地发言；调研人员进入到会议场地时，工作人员还示意不要打断或干扰居民的讨论。可以看出，院落议事制度已经形成了较为成熟和完善的模式，能够为居民表达意见及参与公共事务提供平台。

（三）搭建公共开放空间

为激发居民主体参与院落治理的热情，“爱有戏”长期开展“开放空间”工作，为居民参与公共事务搭建平台。通过建立“社区书屋”“长者家园”“三点半课堂”及“基层党组织服务点”等院落服务组织，为社区居民提供公共活动空间及聚会议事场所，在丰富居民生活的同时，也为社区社会组织的培育和孵化提供了空间和条件。在公共开放空间搭建的实践中，“屋顶种植”是十分具有院落特色的一项。2012 年，当时大院内车棚的屋顶上都是废弃的建筑材料，十分影响美观，同时一大片公共区域又没有得到有效利用。在这样的背景下，“爱有戏”的工作人员将院落内的居民们召集起来，向他们介绍了网络上有市民在自己屋顶进行农作物种植的成功经验，并和居民们进行讨论交流。这种“屋顶种植”的观念迅速得到居民的认可，居民们开始对屋顶进行清理，并用砖头、小型预制板等围成了几块可进行种植的区域，并商量着让更多的居民“认领”菜地，且种植与维护也都由居民负责。“绿色”“方便”是居民们对这一项目评价的关键词。而该项目就是在与住户不断讨论商议后通过的一项方案，不仅充分利用了屋顶空间，同时也提升了居民的环保意识，构建了居民日常交往的空间平台。

（四）协同参与城市管理公约

在院落治理的基础上，“爱有戏”也积极将这种协同自治的模式向外推广，突破院落的界限，引导居民通过民主参与的方式进行讨论和商议，商量出“城市管理公约”，并遵守执行。在社区，“爱有戏”耐心细致地做好群众工作，居民也从“并不理解”到“尊重规则”，形成了“契约精神”。居民与大院周边 40 余家餐饮企业达成公约，居民给商家制定一些基本标准，赋予其一些权利，同时也要求商家承担相应的责任。对于不承担责任的商家，居民也可以在民主商议的基础上收回给出的权利。通过“公约”规范诉求，也有效调和了居民与商家间的矛盾纠纷，实现了人人参与的街道管理的目标。

在协同参与水井坊街道较场坝东街 67 号的院落治理实践中，“爱有戏”发挥了社会组织在基层社会治理中的重要作用。截至 2021 年 12 月，“爱有戏”已参与水井坊街道办事处政府购买项目约 50 个，涵盖了社区互助、社区文化、社区安全、社区公共服务、社区青少年等 9 大领域，涉及资金 750 余万元；参与水井坊项目的专职工作人员 30 余人，服务社区居民 20000 余人，服务 10 万余人次，构建了良好的“政社、政民、社民”互动氛围，成为锦江区社区治理的标杆。

第三节　社区治理案例的经验启示

通过“爱有戏”的实际工作可以看出，其在实践中取得的许多成效是值得推广学习的，也为社会组织协同参与城市社区治理提供了有效借鉴。

一、建设协同治理模式，完善互助项目体系

“爱有戏”的“社区参与式互助体系项目”曾获评中央财政购买社

会组织服务全国示范项目，并成为民政部社区社会工作实践的典型。依托在水井坊街道的实践经验和探索成果，“爱有戏”成立了“爱有戏”项目研发和技术输出阵地，将以“义仓”“义集”“义坊”为核心的“参与式互助体系项目”拓展到了成都市锦江区的其他街道，并推广到上海、南京、深圳、青岛等近13个城市，为构建政府、社区、社会组织、市民共赢的局面作出了贡献。

“爱有戏”在参与城市社区协同治理的过程中，避免了许多社会组织参与社会服务过程中缺乏制度保障、缺乏规范流程等问题，同时其开展的项目都是在结合社区具体情况的基础上实施的，具有很强的适应性，因此也为其他地区促进社会组织孵化、政府购买服务的开展提供了有益借鉴。

二、积极发挥协力作用，促进社区职能转变

“爱有戏”作为社会组织，其自身便承担了包括流动人口信息采集维护、计划生育及老龄工作在内的139项基本公共服务，对社区承接政府下沉的公共服务事项这方面起到了很好的补充作用，也弥补了社会管理供给不足所带来的低效问题。与此同时，“爱有戏”作为成熟的社会组织，不断发挥专业性优势，为社区内社会组织的孵化创造条件，协助街道培育社区内生性社会组织，使社会组织真正成为本社区居民参与基层治理的平台。推动实现政府行政管理与基层群众自治的有机衔接和良性互动，夯实了社会治理的基层基础。

三、发动居民参与事务，构建社会自治体系

“爱有戏”通过发现、培育院落领袖，协助搭建资管小组与议事会、院落党支部三方协作的院落自治平台，为院落成立的自治组织提供项目支持、能力培训等，提升了院落居民参与院落事务的积极性，切实提高了居民“当家做主”的意识和能力。这种群众基础和民意支持形成了居民对于社区工作的认同，从而奠定了社区治理工作继续开展的合法性基础。而这对于城市社区的治理则是具有深远意义的。

四、搭建居民活动平台，增强社区凝聚力

其研发、开展的“口述历史”“温暖剧团”“一个观众的剧场”“快乐剧团”“百姓故事会”等项目都对培育社区文化、凝聚社区精神起到重要作用，更有利于社区居民参与社区生活、社区事务，继而在精神层面构建出城市社区治理的合法性认同。从这些成效中也可以看出，在现代化的中国社会，社会组织能够有效填补社区与居民之间的空隙，能够有效地提供社会服务、促进社会创新及参与社会治理。在构建社区文化凝聚力及塑造合法性认同等方面，社会组织“非政府”的特点也使其能够越发明显地发挥作用。这种高效模式的推广对于中国城市社会的社区建设有重大意义。

然而在社会组织协同参与城市社区治理取得良好成效的同时，如何建立起协同治理的长效机制仍是值得思考的问题。“爱有戏”作为社会组织，虽然在协同参与城市社区治理实践中发挥了巨大作用，但“爱有戏”作为在锦江区区级社会组织孵化基地孵化、培育的社会组织，采取外部培育再引入社区治理的方式介入水井坊街道的治理实践，使得它不可避免地与社区存在一定距离，而容易导致社区内部社会组织的成长存在不均衡性。“爱有戏”作为发展程度较好的、高层次的外部社会组织，虽然其介入社区服务对于提升社区服务的质量起到了很大作用，然而强大的外生力量也会造成社区内居民内部培养组建社会组织意识的薄弱，一旦“爱有戏”撤出社区，也容易引起已有治理模式实践的中断。如何拉近与社区居民的距离，引导、培育社区居民内生、自发的社会组织并形成长效机制，亦是所有同类型社会组织所面临的共同问题。

纵观“爱有戏”的组织发展过程，政府的引导和扶持对于社会组织的发展仍有至关重要的作用，公民意识的培养和提升仍是一个需要长期实践的过程。目前“爱有戏”仍在继续发挥自身在社会组织中的品牌优势，坚持“关注社区、扎根社区、服务社区、促进和谐”的理念，完善优势项目并加以推广，继续协同参与城市社区治理。在组织架构的板块下，“爱有戏”在逐渐完善院落议事制度，保障已建立的公共服务平台的作用能够有效发挥，增强居民作为多元化社会治理主体的自我意识，激发居民参与公共事务的内生动力，建立居民参与自治的长效机制；同

时“爱有戏”也在注意避免社区发展对外部社会组织的依赖，为社区居民自治组织创造成长空间，为社区内生组织提供发展条件；在项目方面，“爱有戏”不仅在逐步完善已有优势品牌项目，同时也在探索引入创新项目，增强项目的可复制性。其项目的推广拓展也可以为全国其他地区的社区建设提供有益借鉴，为社会组织发展模式的创新提供参考。

◎本章习题

1. 社区治理遵循哪些原则？
2. 社会组织作为何种角色参与社区治理？
3. 社会组织如何更好参与社区治理？

第十一章　社会组织与社会创新

第一节　社会创新的理论与实践

一、社会创新的概念与重要性

社会创新是一种通过引入新的思维方式、方法、技术或组织形式来解决社会问题，以改善社会福利、增加社会价值，并促进社会公平与可持续发展的创新活动。它不仅关注问题的短期解决，更注重长期的社会转变。社会创新需要多方合作与参与，包括政府、企业、非营利组织、社区等，以实现社会变革的目标。通过创造合作与参与机会，社会创新致力于提供更好的社会服务，解决诸如贫困、不平等、环境破坏等社会问题，同时追求社会价值的增长，促进社会的可持续发展。

社会创新的重要性在于它能够应对快速变化的社会挑战和需求，通过引入新的思维方式和方法，能够为社会问题提供创新的解决方案，从而打破僵化的体制和模式。另外，社会创新也激发了社会的活力和创造力，它鼓励人们跳出传统框架，突破常规思维，寻找新的解决途径，这不仅为个人和组织带来新的机遇，也为整个社会创造了更多的发展机会。此外，社会创新还能够促进社会共享和包容性发展，通过多方合作和参与，社会创新能够打破利益的壁垒，凝聚各方力量，确保公平和可持续的社会福利分配。

二、社会创新的推动因素

（一）技术因素

技术进步是推动社会创新的重要因素，社会组织可以利用各种数字化工具和平台进行协同合作、信息共享和创新。随着大数据技术的发展，社会组织可以利用海量的数据进行深度分析，发现问题、洞察需求并作出相应创新，还可以利用数据分析工具和算法，对项目效果、社会问题、受益人反馈等进行定量评估和预测，从而优化决策和资源配置，提升创新的成功率和社会影响力。除此之外，社会组织可以利用移动应用程序开展线上服务、线上募捐、案例分享等活动，如“路人甲”APP、“小鹰计划”等实现更广泛的公众参与和更高效的资源整合。

（二）经济因素

经济因素在推动社会组织创新方面发挥着关键作用。首先，经济支持和创新的经济模式是社会组织创新的基石。通过获取稳定的资金支持，社会组织能够更好地实施创新项目和提供创新服务。其次，经济因素促使资源整合和合作创新。与企业、政府机构和其他社会组织建立合作伙伴关系，社会组织能够充分利用各方资源和专业知识，实现优势互补，共同推动创新。第三，经济因素通过激励机制和人才培养来推动创新。社会组织可以设置奖励机制、提供培训机会，吸引和激励有创新能力的人才。同时，经济支持和经费提供鼓励员工进行创新研究与实践。

（三）政策因素

政策因素在推动社会组织创新方面起到重要作用。为进一步发挥社会组织在助力经济社会发展和民生服务方面的作用，山东、四川、广东等地相继出台指导意见和若干措施，推动社会组织创新与高质量发展。政府通过制定战略规划和政策文件，引导社会组织在重点领域进行创新，并通过需求导向的采购方式提供市场和机会，提升社会组织的创新能力。此外，政府与社会组织定期开展对话，了解其需求和挑战，并通过设立咨询机构和邀请参与，确保社会组织参与政策制定过程。政策因素为社会创新提供了外部条件和支持，有助于解决社会问题和推动社会进步。

三、社会组织的创新角色

（一）倡导新思维

社会组织通常以社会问题为导向，具有更大的灵活性和创新性。它们能够引领并倡导新的思维方式和解决问题的方法。社会组织鼓励创新思维，超越传统做法，积极探索新的解决方案并设定新的目标。它们能够挑战既有的观念和模式，提出更具前瞻性和可持续性的创新理念。

（二）促进跨界合作

社会问题往往具有复杂性，需要多个领域和利益相关方的合作来解决。社会组织具有连接不同领域和社群的优势，能够促进各方的跨界合作。社会组织能够搭建平台，使不同组织、企业和个人能够共同参与创新项目，并通过跨界合作促进资源共享、知识交流和协同创新，这种跨界合作协同的模式有助于产生更有效的解决方案和更具影响力的改变。

（三）响应社会需求

社会组织密切关注社会问题和需求，能够灵活迅速地响应并解决社会问题。社会组织能够通过创新项目和服务，满足日益增长的社会需求。它们能够针对性地提供具有创新性的解决方案，填补公共服务的缺口，改善社会福利和提升社会生活质量。

（四）推动社会变革

社会组织在推动创新和社会变革方面发挥着重要的推动作用。通过发起和领导创新项目，社会组织能够吸引更多的关注和参与，扩大创新的影响力。社会组织能够通过舆论引导、社会宣传等手段，提高公众对创新的认知和意识，促进创新成果的应用和推广，进而推动社会变革的实现。

四、社会组织的创新策略

（一）效仿学习

在社会创新的行业自律水平低的情况下，依据大卫·史密斯提出的社会创新战略中的跟随型战略[①]，社会组织可以选择效仿学习其他组织，从其他组织或行业中学习借鉴成功的创新实践和经验，这种学习可

---

① ［英］大卫·史密斯：《创新》，秦一琼译，上海：上海财经大学出版社，2008年，第70—171页。

以通过研究案例、参观交流、参与创新网络和社群，以及与其他组织、专家及学者建立联系、共享资源和知识等方式实现。通过了解其他组织的创新方法和策略，社会组织可以获取新的思维方式和解决问题的思路，为自己的创新提供灵感和指引，这种策略的优势在于可以搭便车，形成规模经济和学习效应。

（二）开辟引领

如果社会组织秉持的是引领型的创新策略，想要在特定问题或领域中成为创新的引领者，那么就要求社会组织具有创新思维，积极寻找机会填补领域的空白。社会组织可以通过深入研究社会问题、调研市场需求、发布报告和政策建议等方式，提供前瞻性的思考和解决方案，运用自身的资源和专业知识，通过创新项目和服务，探索新的模式和方法，引领社会变革和发展。根据目标人群的需要在短时间内快速地形成原型、实验和扩散的循环机制，在试验之后建立商业模式或运营模式以维持项目的发展。

（三）合作共建

社会组织可以与其他组织、企业、学术界、政府等合作，共同建立创新生态系统。通过合作共建，社会组织可以汇聚各方的智慧和资源，共同解决复杂的社会问题，合作包括合作项目、合作研究、共享平台等形式。社会组织还可以与企业建立公益合作关系，通过社会企业模式或商业化运作来实现社会创新，这种合作形式将社会组织的专业能力与企业的资源优势结合起来，整合两者的资源优势，实现社会创新项目的可持续发展。

第二节　友成基金会的社会创新案例分析

一、友成基金会背景与其创新项目

（一）友成基金会背景介绍

友成企业家扶贫基金会（简称“友成基金会”）于 2007 年成立，是经国务院批准，在民政部注册的全国性慈善组织，业务主管单位是农业农村部，由国家乡村振兴局日常管理。该基金会以推动人类更公平、更有效率、更可持续发展为目标，以研发和推广社会价值标准、发现和支持“新公益领袖人才”、建立跨界合作的社会创新网络支持平台为使命，通过研发倡导、实验孵化、资助合作，打造新公益价值链，以参与式资助为主要运作模式，推动更公平、更有效和更可持续的社会生态系统的建立，开展社会创新、教育帮扶、电商帮扶、产业帮扶等项目。

友成基金会是最早将社会企业理念和社会影响力投资引入中国的基金会，迄今培育了100多位社会企业家，孵化了100多个社会企业①。2010年，友成首次提出新的社会、经济和技术时代条件下的新公益七大趋势，倡导回归以人为本、跨界合作的社会创新。2013年，友成将新公益理念推广到投资领域，成为社会价值投资的倡导者和引领者。2014年，友成发起成立社会价值投资联盟，并研发出以人为本的多维度的社会价值评价体系——“三A三力”原则与评价体系。截至2014年年底，友成基金会自主研发试点了包括友成志愿者驿站、友成小鹰计划、友成常青义教、友成创业咖啡在内的创新性公益平台型项目11个，资助各类社会组织161个，受益人群覆盖全国21个省份。2015年，友成与《斯坦福社会创新评论》（*Stanford Social Innovation Review*，SSIR）进行版权合作，与民政部《中国社会组织》杂志合作出版双月刊《社会创新评论》，并结合“社创客”社区，打造一个全新的“社会＋商业＋科技”跨国、跨界社会创新创业交流平台。基于推动公益领域社会创新的理想，2015年1月友成基金会孵化了创新型网络公益参与平台“路人甲”。

友成基金会的发展代表着中国顺应社会创新潮流并形成自身特色；代表着中国社会创新概念的形成、推广与实践；代表着中国社会创新组织对社会创新发展，尤其是基于贫困这一难题所尝试的解决思路；代表着社会创新的链条、生态系统的逐步建立和完善；代表着基于中国传统对社会创新的价值和文化支撑。它注重社会创新中的地方性知识和政治、经济、社会、文化的支持系统的基础性作用。其中，“路人甲”、

① 张杰：《韩靖：一块棒棒糖嗨翻全场》，载《中国社会组织·社会创新评论》2016年第8期。

“三 A 三力”、“社投盟”可以作为其突出代表。

下文将友成基金会的社会创新项目之一——“路人甲”公益捐赠平台作为例子进行详细分析，挖掘项目创新的过程、面临的挑战及带给其他社会组织的启发与思考。

友成基金會

YouChange China Social Entrepreneur Foundation

图 11-1　友成基金会标识

（二）友成基金会创新项目——“路人甲”公益捐赠平台

“路人甲”（Warm for China）公益捐赠平台的创始人是友成基金会的副秘书长韩靖，他致力于创建一个有温度的、最关心捐款人感受的公益捐赠平台。这是一个运用互联网技术创办的，带有答谢机制的公众小额捐赠平台，与国内知名基金会、公益组织合作，筛选中国优秀的公益项目，用创新的技术和产品让小额捐赠人得到满意的服务。“路人甲”希望不断降低参与门槛，让每个人都能轻松参与公益，分享公益的乐趣，实现“人人可公益，人人乐公益”的愿景。“路人甲”平台上有很多公益项目，用户在捐赠完成后，将持续收到项目的进展反馈，不同于财务报表式的公开，“路人甲”以图文并茂的形式反馈项目的进展。“路人甲”公益捐赠平台还设立公益活动模块，用户可报名参加公益组织举办的各类公益活动，在活动中用户可以拍下在活动现场的画面并发起现场捐，分享到微信朋友圈，通过自身影响力进行募款，达到一定金额还可获得对应活动代言人的称号。“路人甲”独创了“惠捐”模式，用户每捐赠 10 元就可获得一张答谢券，可用来兑换爱心商家提供的优惠券和服务，让每一位捐赠用户都有良好的体验感，在实现自身价值的同时，能够获取相应的回报。

“路人甲”倡导“不旁观、不土豪、有反馈、有答谢”的公益理念，希望改善“不方便、不持续、不温暖”三大社会问题，关注大众捐赠人的体验和感受，希望让每一个人内心的温度都不断传递与放大，温暖他人的同时，亦惠及自身，“路人甲”始终倡导“您的一小步，中国公益的一大步”。

图 11-2 “路人甲”公益捐赠平台标识

二、项目开发与实施

(一)“路人甲”项目的策略选择

1. 关注双向利益

“路人甲”对自己的定义是有温度的专业捐赠平台。不同于其他公益捐赠平台，“路人甲”是一个真正关注捐赠人感受的公众小额定额捐赠平台。“路人甲”认为，人是复杂的，人与人之间的关系也是多样的，其目标是做好“关系”，将多边利益连接起来，而不仅仅是“财富搬运工”。首先建立钱与事的关系；其次建立人与事的关系；最后建立人与人之间的关系。社会组织不能只考虑受助人，因为利益相关方更复杂，变量更多，组织要做到的是关注多个利益相关者的利益，形成利益聚合，增加公益活动的黏性。

2. 融合多种手段

“路人甲”将心理学和商业结合在一起，弥补了我国公益项目长期对捐赠人进行精神奖励的不足。它鼓励将人的捐赠行为实体化、物质化。它采用了中国首创的“惠捐”模式，用户只要进行项目捐赠，即有机会领取合作企业产品优惠券。这些答谢券涵盖了现在人们日常生活中的衣、食、住、行等方方面面，真正地实现了公益生活化、捐赠日常化。“路人甲”的这种捐赠体验是非常惊喜的，在原来没有物质回馈的预期基础上突然让捐赠人有了很多日常生活优惠的实际性奖励，给捐赠人以意外和欣喜的感觉，对捐赠者心理和行为上起到一定的激励作用。

3. 注重量入为出

“路人甲”作为小额捐赠平台，每天只能捐赠 10 元钱，不仅方便，而且“筹众”，帮助公益组织聚集到了粉丝，省去了捐赠人选择金额的麻烦，同时也体现了“人人公益”的理念，让公益随处可做，无须等到有钱之后。只要有10元钱就可以做公益，就可以帮助一个公益项目，让更多的人参与到公益项目的捐赠，使得公益更加有意义。若捐赠人想要捐赠更多，可以多次进行10元捐赠，在这个过程中，培养了用户的捐赠习惯。中国公益组织现今缺少的是人，而不是钱，所以捐款量不大不是问题，重要的是要增强人与人之间的黏性，提高人们参与的积极性，就会有更多的人参与，这样“路人甲”才能实现、解决参与和监督公益的问题。

4. 开展多方合作

“路人甲”目前已经和中华社会救助基金会、中华少年儿童慈善救助基金会、中国社会福利基金会、中国红十字基金会、中国青少年发展基金会等众多有影响力的公益组织签约战略合作，几乎囊括了中国所有著名的公益项目。此外，“路人甲”还与商家进行合作，注重多个行为主体的相关利益。其首创的“惠捐”模式，实现了公益组织、商家和捐赠者的交互行动，捐赠者可以在做出捐赠行为后获得一张大于捐赠金额的商家优惠券，可用于购买一些生活物资。商家在这个过程中不仅得到了收益，最重要的是提高了其商誉。“路人甲”还利用互联网优势，与微信、微博等社交平台合作，扩大了平台的影响力。

（二）“路人甲”项目的开发实验

1. 创意形成

创意是社会创新过程的起点。作为以推动和实践社会创新为目标的组织，怎样能够把创新能力与社会责任感激发出来？社会创新的想法和创意来自哪里？

首先，创意者要经验丰富。一个人如果不了解其他人了解的事情就无法进行创新；一个人如果没有对现有知识感到不满，摒弃它去寻找更好的知识，也不可能有所创新①。创始人韩靖在“路人甲”平台创建之

① ［美］米哈里·希斯赞特·米哈伊：《创造力：心流与创新心理学》，黄珏苹译，杭州：浙江人民出版社，2014年，第86—88页。

前，做过电商、志愿者网站，还在影视行业有过实践，积累了丰富的经验。之前“路人甲”的名称是“惠捐网”，体现不出人文情怀，才有了后面“路人甲”的出现。

其次，联想可以产生创意。联想是指将两个明显无关联的想法放到一起，一个领域的创意会为另一个领域提供解决方案。“路人甲”这个名字的由来是其创始人韩靖某天在开车的过程中，将电影里的路人甲、路人乙角色与公益人联系在一起，就诞生了“路人甲”这个公益捐赠平台的名称。这个名称既能体现出每个捐赠人的平凡，又能凸显其重要性。

最后，创意要经过实践。创意和点子不一样，点子如果没有经过实践，就和创新没有关系。作为创新过程的创意者，会将这些新思想、新灵感进行实践的检验，并对外在的政治、经济和社会环境形成影响。“路人甲”这个创意提出后并没有止步，而是进行原型设计，将新思维、新想法以产品、服务、机制等形式推入市场，将其付诸实践。

2. 原型设计

原型是通过设计将创意和其他资源共同形成产品的过程。原型设计需要精心打磨的阶段，是1%的灵感加上99%的汗水的阶段，这两者的关系是相辅相成的。如果没有1%的灵感则没有创意之源；如果没有99%的汗水，那么灵感也不会被实践，不会成为创意。

原型阶段需要经历多次设计与讨论。经友成基金理事人王平回忆：“韩靖的第一版设计方案就被专家给否定了，后续经历了多轮的专家研讨会，互联网专家、创业专家给设计方案做点评，提出问题和意见，基本不是特别看好。然后韩靖又改了改，最终找到一个惠捐[①]。”2014年8月开始，“路人甲”的第一行代码开始书写，经过艰难的产品研发，“路人甲”开展多次产品宣讲会，对平台呈现的内容进行精心打磨，经历了四个月的历程，最终安卓Beta版于2014年12月1日上线。2014年12月8日，“路人甲”在第六届中国非公募基金会发展论坛正式对外

① 李勇、蓝煜昕：《社会创新在中国：友成十年创新之旅》，北京：社会科学文献出版社，2019年，第79—87页。

发布，并在会场设产品演示区。2015 年 2 月 14 日，“路人甲” IOS 版上线，完成了从最初创意到原型形成的过程。

3. 社会实验

社会实验是要对原型进行测试、原型迭代、团队和资源进行整合，识别出影响成功的关键假设，在实验的过程中发现未知因素，并对关键假设和未知因素进行优先级排序，进而确定创意和原型的优先顺序，进行社会实验的目的是学习而非收益[①]，其原则是要达到小而快的迭代。经过社会实验能够评估和验证一个新研发产品的可行性和影响。通过社会实验，研发团队可以了解产品在真实环境中的表现，收集用户反馈和数据，并作出必要的调整和改进。社会实验还可以帮助确定产品对社会的影响和潜在风险，解答是否值得将产品推向市场的疑问。

经过非常详细的社会调查，“路人甲”平台对捐赠数额进行了规定，增加了产品的可行性。在“路人甲”平台上，每次只捐 10 元人民币，这个额度是每个人都愿意且都可以非常轻松参与的额度。在这种情况下，平台能够增加用户黏性，让用户在力所能及的情况下获得良好的公益体验感。该平台上线 12 个月的时间，获得了超过 10 万用户和 200 万的捐款。其中，有 23%的人会在一个月内重复捐款，7%的人捐款超过 5 次。最重要的是“路人甲”没有花过一分钱的广告费，但是该数据已经超过了中国所有的捐款平台，这些都是“路人甲”和其公益合作伙伴一起努力创造的结果，对社会形成良好的公益之风做出的贡献。

4. 创新扩散

创新主要是从创新主体的角度进行分析，而创新扩散是需要从创新受益者和目标群体的角度去进行界定。扩散过程的核心在于潜在客户的人机关系网络模型，扩散是人际沟通的过程。创新扩散最大的问题是扩散往往是异质化的沟通[②]。由于年龄、性别、身份地位、教育水平等多方面的差异，不同主体会对创新产生不同的认知和体验。

① ［美］彼得·斯卡金斯基、大卫·克劳斯怀特：《创新方法：来自实战的创新模式和工具》，陈劲等译，北京：电子工业出版社，2016 年，第 112—114 页。

② ［美］E. M. 罗杰斯：《创新的扩散（第五版）》，唐兴通等译，北京：电子工业出版社，2016 年，第 21 页。

为了进一步激发用户的参与热情，“路人甲”公益捐赠平台特别设立了公益活动模块。在这个模块中，捐赠用户有机会报名参加多样化的公益活动，包括但不限于环保行动、社区服务、慈善义卖等。一旦用户报名成功参加了公益活动，他们将有机会亲身参与，并拍摄下活动现场的画面。这些照片和视频素材可以作为用户参与的证明。在公益活动现场，用户还可以将这些素材分享到自己的微信朋友圈，通过自身影响力和朋友们的支持，发起现场捐款。这样的方式，不仅能够增加募款的可见性和透明度，还能形成扩散效应，动员更多的人积极参与公益事业。此外，平台还设立了奖励机制。筹款金额最高的用户将获得对应公益活动的代言人称号，这一称号不仅可以提升用户在公益活动中参与感、声望和影响力，还能激励更多人加入公益事业。

三、项目监控与评估

（一）“路人甲”项目的监控审核

1. 制定严格的准入门槛

从平台的角度进行监控。对于平台的重要载体——公益项目，“路人甲”有自己专业的审核标准。一是确保平台上的项目具有捐赠意义，二是用户能够放心地对项目进行捐助。“路人甲”平台要求上线公益项目的公益组织提供机构资质证明、机构票据模板等等，这样做的目的就是为用户提供更放心的、更真实的公益体验。不具备捐赠意义的项目将不会出现在“路人甲”的平台。

2. 建立形象的反馈机制

从用户的角度进行监控。“路人甲”平台致力于为用户提供更多参与感和透明度。在平台上有很多公益项目，用户在捐赠完成后，将持续收到项目的进展反馈。这种反馈形式不同于传统的财务报表，而是通过丰富多彩的图片和文字形式，直观生动地呈现项目的实时进展情况。这种交互式的反馈机制体现了“路人甲”平台对用户的尊重和重视。用户通过持续的进展反馈，能够亲身感受到自己的捐赠所产生的实际影响，增强了参与公益事业的成就感和认同感。同时，这也让用户可以对其捐赠的项目进行实时监控，确保捐款的去向和使用符合预期，进一步增强了平台的透明度和公信力。

（二）“路人甲”项目的成效评估

1. 拉动多方主体，实现跨界融合

“路人甲”公益捐赠平台在行为主体上实现了公益组织、商业和捐赠者之间的三方联动。传统上，公益组织依赖于政府或个别捐赠者的资助，而商业和社会捐赠者往往通过直接向公益组织捐款或物资来支持公益事业。然而，“路人甲”公益捐赠平台通过将公益组织、商业和社会捐赠者连接在一起，打破了传统的界限，实现了多方主体之间的紧密合作与协同。

捐赠者在捐赠 10 元后，可以兑换一张金额不小于 10 元的优惠券，并在合作商家进行消费。让捐赠人有了很多日常生活优惠的实际性奖励，从而使得捐赠行为具有激励性。优惠券在公益基础较差的中国市场上有一个很好的未来，其盈利模式也很新颖。“路人甲”与各企业优惠券平台合作，不仅方便促进了消费，而且受到了捐赠者的更多欢迎，因为哪怕优惠券与其他渠道得到的一模一样，但路人甲给的优惠券可以去分享，心理体验感更好。移动端操作、10 元定额式，让捐款行善不仅更加便捷，门槛也大大降低，使“人人公益”成为可能。

2. 形成公益社群，造就助人之风

不旁观是“路人甲”公益捐赠平台的公益理念之一。做一个不旁观的路人甲，在别人需要帮助的时候伸出援手。在互联网飞速发展的今天，影响中国公益的不仅仅是基金会和专业的公益团队，更需要千千万万民众的参与，而每位民众则是中国公益的路人甲。该平台始终秉持着“人人可公益，人人乐公益”的理念，将中国捐款人群的积极性调动起来。中国大概有几千万人的小额捐款用户，创始人韩靖认为“路人甲”公益捐赠平台的聚焦点是以小额捐款人的需求为开发核心。“定额 10 元”和其首创的“惠捐”模式都是对用户习惯的一次培养，让公益日常化。

此外，“路人甲”还借助微信、微博等社交平台，扩大影响力，举办各种公益活动，捐赠用户可以拍照分享到自己的朋友圈。以这种“滚雪球”的方式，“路人甲”助力形成公益社群，让更多的人能够加入公益事业中来，造就和谐的社会氛围，造就持续的助人之风。

四、项目启示与反思

（一）以“善”为创新之源

任何社会创新都需要建立在社会价值的基础上，没有价值的企业是无法在市场上获得可持续发展的。“路人甲”公益平台的本质是其公益性，能够创造出很高的社会价值。这种公益平台不以结果为导向，而是以过程为导向，更加注重公益带来的社会影响。

（二）以用户的体验为核心

“路人甲”创始人韩靖认为中国每年有3000万人的小额捐款人，如果这类群体的体验得不到保证，会阻碍慈善公益事业的发展。因此，“路人甲”平台进行了多次的技术改造，以捐款人的感受为核心去进行开发，目的是给捐款人带来更好的捐款体验。

（三）调动多方主体，形成价值闭环

“路人甲”公益平台颠覆了传统公益的格局，让捐款人、商家和慈善组织之间的关系从单项价值链变成价值闭环①，这种“惠捐”模式在中西方都可以算是非常先进的社会创新。捐款人在进行小额捐赠的过程中，不仅实现自身价值，还能够获得一张优惠券去形成新的消费体验。

（四）项目在“精”不在“多”

社会创新项目时刻要以切实解决社会问题为己任。“路人甲”公益捐赠平台集合的公益项目在“精”不在“多”，对每一个公益项目都进行严格的审核把关。在为爱心网友提供多种可选择的公益参与方案的同时，也使得每一个公益项目都能得到良好的展示机会。此外，经营管理策略的运用也至关重要，如何整合资源以最小的成本创造最大的价值是值得思考的。

---

① 张杰：《韩靖：一块棒棒糖嗨翻全场》，载《中国社会组织·社会创新评论》2016年第8期。

第三节　社会组织应对社会创新中的困境与挑战

一、灵活性与规范性困境

友成基金会在构建社会创新的生态系统平台时，需要在灵活性和效率之间寻求平衡。尽管推动社会创新需要更加流程化、规范化和专业化，但过度强调团队制度建设可能使创新平台陷入封闭、僵化的状态，从而失去社会创新的动力。作为一个致力于社会创新的基金会，友成基金会应该建立开放包容的氛围，容许一定的声音和错误甚至失败的存在。这不仅是一种宽容和耐心对待错误和失败的态度，也是推动社会创新的一种方式。当然，这与社会创新者的气质及工作氛围有关，在友成基金会的理事会上，友成团队成员不断有人提出团队建设制度在建设上还存在着许多问题，需要进一步加强，但这种加强绝对不能以损害创新的土壤、创新实现的机制、创新场域的建立为代价。

二、开源化与专有化困境

如果友成基金会将“三 A 三力”仅视为一种新产品或提高服务水平的一种能力，而不是一个行业标准和基础设施，那么并不需要建立庞大的生态系统来支持“三 A 三力”的应用和传播。作为一个新产品，“三 A 三力”可以不断完善，但如果成为社会创新的标准和基础设施，就意味着未来会出现不同的标准和基础设施，它们之间将会产生竞争，这也是建立创新生态系统的标志。虽然友成基金会已经迈出了标准和基础设施建设的第一步，如软件化和建立联盟，但它的思路仍然明显倾向于产品和线性思维。“三 A 三力”的开源或专有属性尚未明确，这可能延缓社会创新领域标准制定的进程。明确的属性界定对于制定适应性强的战略至关重要，这些战略将对社会创新的未来发展产生重要影响。

三、复杂性和多样性的挑战

未来社会问题的复杂性体现在不断变化的社会动态、全球化趋势和不同利益相关者的多样需求。在复杂性方面，项目需要应对政策和法规的限制、不同利益相关者的需求以及技术和资源的限制；在多样性方面，项目需要处理不同文化的差异、社区的参与和环境的可持续性。解决这些复杂问题需要深入了解问题产生的根本原因，并采用系统性思维和综合性方法，如设计思维和系统思维，来发展创新解决方案。社会创新者需要具备跨学科的知识和能力，与利益相关者合作并寻求合作共赢，同时保持灵活性和创新性，积极应对复杂性和多样性挑战，为社会带来长远的正面影响。

四、可持续发展的挑战

长期资金支持是许多社会创新项目必须面对的挑战之一，因为这些项目通常需要长期的投入才能实现其潜在的影响和变革。然而，许多资助机构更倾向于支持短期结果明显的项目，这会对长期社会创新项目的资金支持构成障碍。此外，社会创新项目的影响评估也是一项复杂的任务，需要建立有效的测量和评估方法证明项目对社会、环境或经济方面的实际影响。同时，建立合作伙伴关系、协商利益、整合资源、共同制定实施方案也需要克服许多困难。此外，吸引、培养和留住具有社会创新意识和专业技能的人才也是一个关键的挑战。

◎本章习题

1. 社会创新有哪些推动因素？
2. 社会组织在社会创新中的角色是什么？有哪些创新策略？
3. 社会组织如何应对社会创新中的困境与挑战？